UM VERÃO COM
HOMERO

Leia também da mesma série:
Um verão com Maquiavel – Patrick Boucheron

Livros relacionados:
Odisseia – Homero

Sylvain Tesson

UM VERÃO COM HOMERO

Tradução de Julia da Rosa Simões

L&PM
EDITORES

Texto de acordo com a nova ortografia.
Título original: *Un été avec Homère*

Tradução: Julia da Rosa Simões
Capa: Ivan Pinheiro Machado *Ilustração*: istock
Preparação: Mariana Donner da Costa
Revisão: Jó Saldanha

CIP-Brasil. Catalogação na publicação
Sindicato Nacional dos Editores de Livros, RJ.

T324v

Tesson, Sylvain, 1972-
  Um verão com Homero / Sylvain Tesson; tradução Julia da Rosa Simões.
– 1. ed. – Porto Alegre [RS]: L&PM, 2019.
  216 p. ; 21 cm.

  Tradução de: *Un été avec Homère*
  ISBN 978-85-254-3865-2

  1. Homero. Ilíada. 2. Homero. Odisseia. 3. Poesia épica grega - História e crítica. I. Simões, Julia da Rosa. II. Título.

19-59837   CDD: 883.01
                       CDU: 821.14'02

Meri Gleice Rodrigues de Souza - Bibliotecária CRB-7/6439

Originally published under the title UN ÉTÉ AVEC HOMÈRE
Copyright © Éditions des Équateurs / France Inter, 2018.

Todos os direitos desta edição reservados a L&PM Editores
Rua Comendador Coruja, 314, loja 9 – Floresta – 90.220-180
Porto Alegre – RS – Brasil / Fone: 51.3225.5777

Pedidos & Depto. Comercial: vendas@lpm.com.br
Fale conosco: info@lpm.com.br
www.lpm.com.br

Impresso no Brasil
Primavera de 2019

Omnia pro illa.
Τό πᾶν δι᾽ αὐτήν.
Tudo por ela.
Tutto per lei.

SUMÁRIO

Apresentação 11

De onde vêm esses mistérios?
A familiaridade das obras eternas 15
Deixar tudo de lado 18
Homero, nosso pai 19
Gnose, hipnose e neurose 22

A geografia homérica
Abstrair-se do real? 29
Habitar a luz 32
Sobreviver às tempestades 34
Amar as ilhas 37
Aceitar o mundo 39

A Ilíada, poema do destino
Origens obscuras 45
Prelúdios e aberturas 47
Os deuses jogam dados 49
O lado certo do muro 51
O triunfo do verbo? 53
A maldição do excesso 56
O talento de Aquiles 60
A pedra angular 62
A paz é um interlúdio 64

A ODISSEIA, A ORDEM DOS ANTIGOS DIAS
O canto do retorno 69
O conselho dos deuses 71
Em nome do filho 73
Abrir as velas, revelar-se 76
Reinos misteriosos 80
Barcos ébrios 83
Seguir as linhas de vida 85
O retorno do rei 89
A restauração 93
A doçura do recomeço 97
A esperança da pacificação 100

HERÓIS E HOMENS
Tipo e figura 105
Força e beleza 108
Esquecimento e renome 110
Tornar-se memória 113
Astúcia e arte oratória 116
Curiosidade do mundo 118
Obstinação ou renúncia 121
Deuses e homens 125
Aceitar o destino 127
Contentar-se com o mundo 129
Nada esperar 131
Complexificar o real 134
Saber conter-se 136

OS DEUSES, O DESTINO E A LIBERDADE
Os deuses, os fracos deuses 143
Os deuses belicistas 146
Os deuses intervencionistas 148
Os deuses e a ação direta 152
Homens: fantoches ou soberanos? 154

A dupla causalidade da vida 157
A conclusão dos deuses 159

Nossa mãe, a guerra
Os homens não querem a guerra! 164
Nossa mãe, a guerra 167
A inevitabilidade do combate 170
A fera em si 173
A ópera rock 177

O húbris ou o cão raivoso
Por que estragar esses quadros? 183
Os dias ferozes 185
Última punição 189
O húbris nunca se extingue! 191
O húbris por pilhagem 193
O húbris por aumento 195

Homero e a beleza pura
A sacralidade do texto 200
O verbo como ambrosia 202
A poesia pura 205
A explosão das palavras 209
O epíteto, expressão do mundo 211

Bibliografia 215

APRESENTAÇÃO

Foi uma honra e uma alegria gravar* *Um verão com Homero*. Um convite para mergulhar na *Ilíada* e na *Odisseia*. Viagens podem terminar num revigorante banho de cachoeira. O mesmo prazer pode nascer da leitura de um poema. Por meses a fio respirei no ritmo homérico, ouvi a métrica dos versos, sonhei com batalhas e viagens. Em pouco tempo, a *Ilíada* e a *Odisseia* me ensinaram a viver melhor. E também me explicaram o momento presente. Esse é o milagre dos antigos. Há 2.500 anos, um poeta, alguns pensadores, filósofos abandonados (ou desembarcados) nas praias do Egeu deram ao mundo ensinamentos cuja importância não diminuiu com o passar dos séculos! Os gregos nos ensinam a respeito daquilo que ainda não nos tornamos.

 Século XXI. O Oriente Médio se entredevora – Homero descreve a guerra. Os governos se sucedem – Homero retrata a avidez dos homens. Os curdos lutam com heroísmo em suas terras – Homero narra a saga de Ulisses para recuperar o reino usurpado. As catástrofes ecológicas nos aterrorizam – Homero pinta a fúria da natureza diante da loucura do homem. Todos os acontecimentos contemporâneos encontram eco no poema, ou melhor, todo sobressalto histórico é reflexo de uma premonição homérica.

 Abrir a *Ilíada* e a *Odisseia* é o mesmo que ler um jornal. Esse jornal do mundo, definitivo, é a prova de que não há nada de novo sob o sol de Zeus: o homem permanece fiel a si mesmo, animal

---

*Este livro teve a sua origem em uma série de programas transmitidos pela Radio France Inter durante o verão de 2017. (N.E.)

grandioso e desesperado, cheio de luz e repleto de mediocridade. Homero nos permite economizar na assinatura de periódicos. Vejamos Ulisses. Quem é esse homem paradoxal? Um aventureiro que quer voltar para o lar. Um curioso do universo e um nostálgico da própria casa, um frequentador de ninfas que chora por Penélope, um guerreiro que sonha com o lar. Ulisses "falso viajante, é aventureiro por obrigação e caseiro por vocação", ironizou Vladimir Jankélévitch em *L'Aventure*. Campeão da força e da astúcia, é um personagem esquivo, atormentado por gostos contraditórios. Ele é como você, leitor, como eu, como nós: é nosso irmão. Lemos a *Odisseia* como o espelho de nossa própria alma. Nisso reside a genialidade: traçar, em alguns cantos, os contornos do homem. Ninguém nunca mais conseguiu fazê-lo.

Nas linhas da *Ilíada* e da *Odisseia* cintilam a luz, a adesão ao mundo, o afeto pelos animais e pelas florestas – em suma, as belezas da vida. Como não ouvir a música das ondas ao abrir esses dois livros? O entrechocar das armas às vezes a encobre, por certo. Mas ela sempre volta, como uma canção de amor pela vida que passamos na Terra. Homero é o compositor. Vivemos no eco de sua sinfonia.

Esses poemas mergulham meu organismo na seiva de uma vitalidade perdida. Ler Homero eleva. Essa é a função orgânica das obras eternas. "De tempos em tempos, os gregos davam como que festas, por assim dizer, a todas as suas paixões e maus pendores naturais... é isto o propriamente pagão de seu mundo", enfatiza Nietzsche em *Ecce homo*. Entre na festa! Ela sempre está no auge.

Os textos a seguir são transcrições de meus programas radiofônicos. Dirigir-se a ouvintes é diferente de dirigir-se a leitores. Falar não é escrever. Na mesa de som, a palavra flutua, mais livre, menos *limitada* por um véu, como se diz. Falar de Homero num microfone é como uma história grega, no fim das contas: um navegar sobre as ondas. Espero que me perdoem as guinadas.

DE ONDE VÊM ESSES MISTÉRIOS?

A FAMILIARIDADE DAS OBRAS ETERNAS

A *Ilíada* é o relato da Guerra de Troia. A *Odisseia* narra o retorno de Ulisses para o seu reino, Ítaca. Uma descreve a guerra, a outra, a restauração da ordem. Ambas traçam os contornos da condição humana. Em Troia, o ímpeto das massas enraivecidas, manipuladas pelos deuses. Na *Odisseia*, Ulisses circulando por entre ilhas e encontrando uma escapatória. Entre os dois poemas, uma enorme oscilação: maldição da guerra aqui, possibilidade de uma ilha acolá, época dos heróis de um lado, aventura interna do outro.

Os dois textos cristalizam mitos disseminados pelos aedos entre as populações dos reinos micênicos e da Grécia arcaica há 2.500 anos. Eles nos parecem estranhos, às vezes monstruosos. Estão cheios de criaturas horrendas, feiticeiras belas como a morte, exércitos em debandada, amigos intransigentes, esposas abnegadas e guerreiros furiosos. As tempestades se formam, as muralhas desmoronam, os deuses fazem amor, as rainhas soluçam, os soldados secam suas armas em túnicas ensanguentadas, os homens se matam. Até que uma cena terna interrompe o massacre: carícias suspendem a vingança.

Prepare-se: atravessaremos rios e campos de batalha. Participaremos de discussões, convidados à assembleia dos deuses. Enfrentaremos tempestades e insolações, nos perderemos em nevoeiros, penetraremos em alcovas, visitaremos ilhas, passearemos por recifes.

Por vezes, alguns homens cairão, sem vida. Outros serão salvos. Os deuses sempre estarão de olho. E o sol sempre brilhará e revelará a beleza em meio à tragédia. Alguns homens penarão para alcançar seus objetivos, mas, por trás de cada um deles, haverá a ação de um deus. O homem será livre em suas escolhas ou obedecerá a seu destino? Será um simples peão ou uma criatura soberana? Ilhas, cabos e reinos constituem o cenário desses poemas. Na década de 1920, o geógrafo Victor Bérard localizou-os com extrema precisão. Do *Mare Nostrum* saiu uma das fontes de nossa Europa, filha de Atenas tanto quanto de Jerusalém.

De onde vêm esses cantos, que emergem das profundezas, que explodem na eternidade? Por que conservam, a nossos ouvidos, uma incrível familiaridade? Como explicar o frescor de uma história de 2.500 anos? Por que esses versos eternamente jovens ainda explicam o enigma de nossos amanhãs?

Por que esses deuses e esses heróis parecem tão familiares? Os heróis desses cantos vivem dentro de nós. Eles têm uma coragem que nos fascina. E paixões que nos são conhecidas. Suas aventuras levaram ao surgimento de expressões que utilizamos até hoje. Eles são nossos irmãos e irmãs: Atena, Aquiles, Ajax, Heitor, Ulisses e Helena! Suas epopeias forjaram o que nós, europeus, somos: o que sentimos, o que pensamos. "Os gregos civilizaram o mundo", escreveu Chateaubriand. Homero segue nos ajudando a viver.

Existem duas hipóteses para o mistério de Homero.

Ou os deuses de fato existiram e inspiraram seu hagiógrafo, insuflaram-lhe uma presciência. Lançado no abismo dos tempos, o poema foi uma premonição, destinado a chegar até nossa época.

Ou nada mudou sob o sol de Zeus e os temas dos poemas – a guerra e a glória, a grandeza e o prazer, o medo e a beleza, a memória e a morte – são o combustível da chama do eterno retorno.

Acredito na invariabilidade do homem. Os sociólogos modernos estão convencidos de que o homem é *aperfeiçoável*, de que o *progresso* o aprimora, de que a *ciência* o melhora. Tolices! O

16

poema homérico é imperecível porque o homem, embora mude de roupa, é sempre o mesmo personagem, igualmente miserável ou grandioso, igualmente medíocre ou sublime, seja armado na planície de Troia, seja esperando um ônibus no século XXI.

DEIXAR TUDO DE LADO

Você se lembra da infância, quando precisávamos ler textos antigos? Por volta do sexto ano, Homero entrava na lista de leituras. Nossos corpos eram feitos para correr. A leitura nos entediava e víamos pela janela da sala de aula um céu onde nenhuma carruagem jamais aparecia. Por que não se deixar penetrar por um poema precioso, de uma modernidade elétrica, eterno porque original, uma ode ao tumulto e ao furor, rico em lições e de uma beleza tão dolorosa que os poetas ainda hoje o declamam em voz baixa com os olhos cheios de lágrimas?

Um conselho dadaísta: abandone as preocupações secundárias! Deixe a louça para amanhã! Desligue todas as telas! Esqueça o choro do bebê! Abra sem demora a *Ilíada* e a *Odisseia* para ler algumas passagens em voz alta, diante do mar ou da janela do quarto, no topo de uma montanha. Deixe-se penetrar por seus cantos atrozmente sublimes. Eles o ajudarão a enfrentar os nevoeiros dos tempos presentes. Pois séculos terríveis se aproximam. Amanhã, drones vigiarão um céu poluído por gás carbônico, robôs controlarão nossas identidades biométricas e será proibido reivindicar uma identidade cultural. Amanhã, dez bilhões de seres humanos interconectados poderão espiar uns aos outros ininterruptamente. Multinacionais nos oferecerão a possibilidade de viver algumas décadas a mais por meio de cirurgias gênicas. Homero, velho companheiro do presente, consegue acabar com esse pesadelo pós-humanista. Ele nos propõe um tipo de conduta: a do homem inteiro num mundo cambiante, e não a do homem transgênico num planeta estreito.

HOMERO, NOSSO PAI

Quinze mil versos na *Ilíada*, doze mil na *Odisseia*: não precisamos escrever mais nada!

Os afrescos da caverna de Lascaux poderiam ter posto um fim à produção pictórica, a *Ilíada* e a *Odisseia* deveriam ter acabado com a criação literária. Nossas bibliotecas não desabariam sob o peso das palavras! A *Ilíada* e a *Odisseia* inauguram a era da literatura e definem o ciclo da modernidade.

Tudo acontece em hexâmetros: a grandeza e a servidão, a dificuldade de ser, a questão do destino e da liberdade, o dilema da vida tranquila e da glória eterna, do comedimento e do excesso, a doçura da natureza, a força da imaginação, o valor da virtude e a fragilidade da vida...

O criador dessas bombas poéticas ainda está envolto em mistério!

Quem foi Homero? Como um homem pode ter produzido uma obra assim? Nietzsche era fascinado por essas perguntas e os especialistas ainda não chegaram a um consenso. A questão obceca nossa época, ávida por celebridades. Cada século reduz as obras de gênio a suas pequenas preocupações. Nosso século igualitário se interessa pelas reivindicações do ego. Em breve, os especialistas da Antiguidade se perguntarão se Homero foi um escritor transgênero.

Mas o próprio Homero responde à questão. Na abertura da *Odisseia*, ele invoca Mnemosine: a deusa da memória é quem conta a história; ele, o poeta, se contenta em recolher o sumo de sua melodia. De nada adianta desmascarar o escriba, quando o texto vem da boca de uma divindade:

Ó Musa, conta-me a aventura do Astucioso:
aquele que pilhou Troia, que durante anos vagou,
viu muitas cidades, conheceu muitos costumes,
no mar padeceu inúmeras angústias na alma
para salvar sua vida e o retorno de seus marinheiros,
sem no entanto poder salvar um único, embora o tentasse,
pois por sua própria insensatez de fato pereceram
essas crianças que tocaram no rebanho do deus do Alto,
o Sol que os privou da felicidade do retorno...
A nós também, filha de Zeus, narra um pouco desses feitos!
(Odisseia, I, 1-10.)

Homero viveu no século VIII a.C. "Quatrocentos anos antes de mim", disse Heródoto. Ele não foi um correspondente de guerra, pois a Guerra de Troia – tema da *Ilíada* – aconteceu por volta de 1200 a.C. Essa data é fruto das descobertas arqueológicas nas estepes da Ásia Menor feitas por um alemão extravagante que inspirou o personagem Indiana Jones, de Steven Spielberg: Heinrich Schliemann. A civilização micênica se desenvolveu de 1600 a 1200 a.C. e depois desapareceu, esmagada por seu próprio peso. Quatrocentos anos de transmissões orais de lembranças, de lendas e de epopeias transcorreram antes que um ser humano, chamado Homero, abordasse e reunisse esses materiais para constituir um poema. A partir disso, três hipóteses se delinearam.

Homero teria sido um verdadeiro gênio, barbudo e cego, que teria inventado tudo *ex nihilo* [do nada] quatrocentos anos depois da Guerra de Troia. Criador inigualável, demiurgo que também seria um monstro, teria inventado a literatura assim como se descobriu o fogo.

Ou Homero teria sido o nome atribuído a vários rapsodos, bardos e poetas. Essa linhagem de contadores de história teria

percorrido, até datas recentes, as margens do Egeu e os Bálcãs, e era capaz de improvisar longos poemas épicos. Hoje, seria chamada de "coletivo de artistas". Com o passar dos séculos, esses contadores de histórias teriam reunido tradições e criado um texto, posteriormente aumentado e remendado com uma cena aqui, uma façanha acolá. A *Ilíada* e a *Odisseia* seriam esse pano costurado, essa *organização* de um patrimônio oral. Os adendos disparatados decorreriam dessas "interpolações".
Ou – tese de Jacqueline de Romilly – a verdade estaria a meio caminho. Homero teria sido o grande compilador. Ele teria pescado os relatos da tradição com sua rede de borboletas e depois moldado o conjunto num estilo único – à sua maneira. Lembre-se de Brahms recompondo as danças camponesas húngaras e incorporando-as ao patrimônio clássico. Homero teria sido o alquimista que reuniu num *único* recipiente as *múltiplas* fontes. E ele não teria hesitado em misturar grandes façanhas a episódios que não eram contemporâneos uns aos outros. O que é a inspiração, se não esse método de *cozinha*?

Fonte heterogênea ou unitária, o texto foi contemporâneo à época em que os gregos do século VIII se inspiraram no alfabeto fenício e retomaram o uso da escrita, perdido durante as "eras sombrias" que se seguiram à queda de Micenas. Os especialistas ainda não sabem se as sociedades da *Ilíada* e da *Odisseia* datam da época micênica ou do obscuro período em que ondas migratórias indo-europeias chegaram aos arquipélagos do mar Egeu.

Sutilezas bizantinas! Homero é, em primeiro lugar, o nome de um milagre: a humanidade encontrou uma maneira de gravar na memória uma reflexão sobre a própria condição.

Homero – antes de ser um personagem biográfico (que tédio!) – é uma voz. Graças a ele, os homens podem compreender como se tornaram aquilo que são. Precisamos saber que Balzac gostava de café para ler sua *Comédia humana*? Ou conhecer as coordenadas GPS de Combray para sonhar com Gilberte? Deuses do Olimpo! Os especialistas gastam tanta energia pesquisando a plausibilidade das coisas que acabam negligenciando sua essência!

GNOSE, HIPNOSE E NEUROSE

Por que não cantarolamos os versos de Homero como hits do verão? Nossos avós aprendiam de cor passagens da *Ilíada* e da *Odisseia*. Nós mal conseguiríamos citar um verso sem consulta. Nossa escola negligenciou os tesouros homéricos? Seria uma lástima privar as gerações futuras desses cantos divinos, desses poemas de ouro, desse verbo em fogo. Graças aos esforços dos pedagogos do Ministério da Educação Nacional da França, as humanidades greco-latinas foram abandonadas. Um bando de ideólogos encarregados de reformar a escola conseguiu, em cinco décadas, acabar com os estudos clássicos. Para eles, seria elitista aprender línguas mortas.

Gostaríamos que os funcionários do Ministério da Educação nunca desprezassem o entusiasmo de qualquer criança pelas aventuras de Ulisses, pela ternura de Andrômaca e pelo heroísmo de Heitor.

O arqueólogo Heinrich Schliemann escreveu em seu diário: "Assim que aprendi a falar, meu pai me contava os grandes feitos dos heróis homéricos. Eu adorava essas histórias; elas me fascinavam, me entusiasmavam. As primeiras impressões que a criança recebe permanecem por toda a vida".

Faz dois milênios que a *Ilíada* e a *Odisseia*, alimento da alma europeia, são comentadas por todos os letrados e filósofos. Platão já dizia: Homero "instruiu os gregos".

Cada verso já foi analisado milhares de vezes, chegando ao desvario. Alguns estudiosos dedicaram suas vidas a uma única passagem, escreveram livros a respeito de um único adjetivo (como a palavra "divino", com que Homero qualifica o criador de porcos de Ulisses). É um pouco intimidante adentrar nesse monumento da ciência! No entanto, cada um de nós, apesar do Himalaia de comentários existentes, que vão de Virgílio a Marcel Conche, de Racine a Shelley e Nietzsche, encontrará um grande prazer em ler esse texto profundo, anotar citações, colher ensinamentos e ter insights.

Na história da humanidade, poucas foram as obras – com exceção dos grandes textos de revelação religiosa – que tiveram tantos desdobramentos. O exercício do comentário é um jogo maravilhoso. O poeta Philippe Jaccottet é deliciosamente irônico a respeito desse maremoto de trabalhos. Num prefácio, evocando sua obra de tradutor, ele escreve: "Sentimos, no início, o frescor da água nas mãos em concha. Depois, estamos livres para comentar ao infinito, se quisermos". Também podemos fazer como Henry Miller, que confessou ter desembarcado na Grécia (em *O colosso de Marússia*) sem ter lido Homero para não se sentir influenciado.

Preferimos mergulhar no poema e às vezes citar seus versos como salmos. Todos encontram em suas águas um reflexo de sua época, uma resposta a seus tormentos, uma ilustração de suas experiências. Alguns tiram deles uma lição. Outros buscam consolo. E apesar dos ataques de um pequeno-burguês chamado Bourdieu contra a tribo dos eruditos, todos podem se ilustrar com a música desses cantos. Para isso, não é preciso passar pelo pórtico da Universidade.

A GEOGRAFIA HOMÉRICA

Para escrever *Um verão com Homero*, isolei-me nas Cíclades. Por um mês, morei num sótão veneziano acima do Egeu, na ilha de Tinos, em frente a Míconos. Uma coruja frequentava a falésia mais próxima. Seus gritos varavam a noite. As encostas, abandonadas às cabras, caíam sobre a baía. Eu lia a *Ilíada* e a *Odisseia* à luz de uma lâmpada alimentada por um gerador. Um vento incessante me dava calafrios. Lá embaixo, o mar era varrido por rajadas. A tempestade furava o cetim das águas a socos. Minhas páginas eram arrancadas, os papéis voavam. Os asfódelos se curvavam e as lacraias corriam pelas paredes. De onde vinha a obstinação do vento?

É preciso viver num rochedo para compreender a inspiração de um artista cego, ancião alimentado de luz, espuma e vento. O espírito do lugar alimenta os homens. Acredito na perfusão da geografia em nossas almas. "Somos os filhos de nossa paisagem", dizia Lawrence Durrell.

Depois dessa temporada nesse posto de guarda, aproximei-me da substância física da *Odisseia* e da *Ilíada*. Henry Miller dizia que a *viagem* à Grécia era pontuada por "aparições espirituais". É preciso incorporar-se à matéria física em que Homero esculpiu o poema.

A luz do céu, o vento nas árvores, as ilhas enevoadas, as sombras no mar, as tempestades: avistei ecos da heráldica antiga. Cada espaço tem sua marca. Na Grécia, ele é batido pelo vento, atravessado de luz, coberto de afloramentos. Ulisses viu esses mesmos sinais a bordo de seu barco. Os soldados de Príamo e de Agamenon os perceberam na planície de Troia. Viver na geografia é percorrer a distância entre a carne do leitor e a abstração do texto.

ABSTRAIR-SE DO REAL?

Podemos considerar a *Odisseia* e a *Ilíada* poemas sem topografia. Não precisamos ancorá-las num *topos*, pois elas se dirigem a um *não lugar* universal. Sua atemporalidade as destina a qualquer alma humana. Afinal de contas, os mitos nunca precisaram se basear na realidade. O Evangelho não prosperou tanto entre os esquimós quanto na Palestina? Precisamos saber onde fica a floresta em que Shakespeare coloca *Sonho de uma noite de verão* para gostar de Puck? As ideias não exigem mapas geográficos, e Homero passa muito bem sem o guia Michelin. No entanto, pesquisadores se obstinaram a tentar retraçar as navegações de Ulisses. Arqueólogos, depois que Heinrich Schliemann encontrou as ruínas de Troia, devotaram suas vidas a buscar a cidade de Príamo. A geografia homérica se tornou uma ciência autônoma. Cientistas levaram suas investigações ainda mais longe. Alguns tentaram provar que os aqueus vinham do mar Báltico e falavam línguas indo-europeias. Alain Bombard afirmou que Ulisses cruzou o estreito de Gibraltar e se aventurou até as Canárias e a Islândia. Na década de 1920, o helenista Victor Bérard retraçou o percurso de Ulisses* e identificou os lugares citados na *Odisseia*, situando por exemplo o reino de Circe na Itália, o antro de Calipso ao sul de Gibraltar, as ilhas de Éolo e do Sol perto da Sicília, o território dos lotófagos na Tunísia. Na década de 1980, o aventureiro Tim Severin reconstituiu um barco da época homérica e navegou pelo arquipélago geopoético de Ulisses

---

* Ver mapa da página 68.

utilizando as técnicas de navegação da época. Esses verdadeiros Sherlock Holmes dos estudos homéricos talvez tenham perdido seu tempo brincando de mapa do tesouro em vez de se contentarem com a beleza do texto.

No entanto, um poeta não é um ectoplasma fecundado por abstrações. Os poetas, como os homens, vivem na realidade do mundo. Eles respiram um ar específico, se alimentam dos produtos de sua terra, veem paisagens singulares. A natureza fecunda o olhar, o olhar alimenta a inspiração, a inspiração gera a obra. A *Ilíada* e a *Odisseia* não teriam as mesmas características se Homero tivesse sido moldo-valáquio.

Em Tinos, sobressaltado pelas rajadas de vento e atordoado pela luz, compreendi que a poesia homérica nasceu do encontro do espírito de certos lugares com o gênio de um homem. Os poemas respiravam aquele ar, aquele mar. E Homero dispunha de tal reservatório de imagens porque havia percorrido aquela geografia, amado aquele espaço, captando aqui e ali visões que não teriam sido as mesmas se tivessem sido colhidas em qualquer outro lugar.

Como o homem que alimenta um broto de oliveira, magnífico,
num campo solitário, em que a água corre, abundante,
uma jovem planta florescente e bela, embalada pelas brisas
dos ventos, cobre-se de pequenas flores brancas desabrochadas.
Mas subitamente um vento sopra em rajadas,
e de um golpe a arranca pela raiz e a estende no solo.
Tal foi o filho de Panto, Euforbo freixo-feroz,
quando Menelau o matou, privando-o de suas armas.
Como um leão alimentado nos montes, confiando em sua força,
caça a mais bela vaca, no meio do rebanho no pasto;
primeiro quebra-lhe o pescoço, com suas mandíbulas terríveis,
depois suga seu sangue, devorando as vísceras,
enquanto a seu redor os cães e os homens gritam, de longe, mas
    se recusam

a atacá-lo de frente: invadidos por seu pálido medo,
ninguém teve coragem suficiente
para atacar de frente Menelau, de renomada glória.
(Ilíada, XVII, 53-69.)

HABITAR A LUZ

A *Odisseia* e a *Ilíada* são como feixes de fótons. Os gregos sempre cultuaram a luz. Aquiles, para sua desgraça, se torna uma sombra. Sair do sol é o mais funesto destino. Não se brinca com o astro. A luz inunda a vida, alegra o mundo. Ela lava os poemas num ouro impalpável. Todo homem que chega às costas gregas busca essa chuva luminosa. "A principal motivação, na Grécia, sempre é a luz", escreveu Maurice Barrès. Desde Homero, os escritores viajantes do Egeu sempre insistiram nisso, prestando homenagens ao sol. Michel Déon se alegra de encontrar na ilha de Spetses um "mundo de luz". Henry Miller* acreditou ver, nas luzes do dia, "amplidões desertas saídas de um mundo eterno". E Hofmannsthal**, como bom alemão, idealizou essa luz na qual ele vê as "núpcias constantes do espírito e do mundo". Em suas entrevistas com Alexandre Grandazzi, Jacqueline de Romilly disse que a beleza da língua se encontra na "claridade das paisagens gregas". Os próprios gregos, que poderiam ver seu país com outros olhos, opinam: "A terra é tão árida que o silêncio cerra os dentes. Não há água. Apenas luz", escreveu Yiannis Ritsos em *Grecidade*. A devoção à claridade helenística tem início na *Odisseia*: ela custou a vida de todos os marujos de Ulisses, que mataram os rebanhos do Sol. A palavra *hélios* (o sol) não muda há trinta séculos. O astro solar brilha há bilhões de anos e o sol, "deus do Alto", segundo Homero, não

---

* *O colosso de Marússia*, 1941.
** *La Grèce pittoresque: monuments, paysages, habitants*, 1923.

perdoa que os seres humanos "matem insolentemente as vacas que faziam sua alegria" (ou, em outras palavras, que abusem avidamente dos recursos da Terra, explorando os tesouros sem consideração por sua raridade).

Ritsos mandou longe todos os recalcitrantes, com uma fórmula que eu não negaria a Homero: "Se a luz te incomoda, a culpa é tua".

A luz tem uma sustância, um aveludado, um odor. No calor, ela zune. Turbilhona nas árvores e revela cada pedra, enfatiza o relevo, cintila sobre o mar. Deveríamos estudar cientificamente os fenômenos atmosféricos, hidrográficos e geológicos que conferem à luz grega essa imanência, essa dolorosa limpidez. Por que o mar grego parece, mais que em qualquer outro lugar, um sonho de sombra flamejante? Por que as ilhas parecem nascer com o dia? Será que os homens, de tanto cantarem o incomparável poder da luz, acabaram aumentando sua intensidade? Ou será que os deuses realmente existem e tudo o que foi dito a respeito deles, de Hesíodo a Cavafis, não é uma fábula? Na *Ilíada*, as armas sempre resplandecem. No escudo de Aquiles, brilha "o sol infatigável". As armaduras refletem a luz. E quando um soldado morre ou é ferido, "a noite tenebrosa cobre suas pálpebras". Os gregos tiraram ensinamentos desse orvalho luminoso. De tanto viver num raio dourado, eles compreenderam que a estada terrestre se assemelha ao breve intervalo entre a manhã e a noite, em que tudo se revela, que se chama dia, e cujo somatório constitui uma vida.

"O que vive sob essa luz de fato vive sem esperança, sem nostalgia", disse Hugo von Hofmannsthal em seu pequeno livro. Viajando pelas ilhas, Ulisses descobriu suas belezas virgens. Foi o primeiro a explorá-las. Capitão corajoso, foi o primeiro a espiar sob um véu jamais erguido. A luz revelou-lhe aquilo que o olho ainda não havia enxergado. Ulisses não tinha referências para compreender o que descobria – um ciclope, uma feiticeira que transformava os amantes em porcos, um gigante agressivo, um monstro furioso. Tudo era novidade sob os fótons.

SOBREVIVER ÀS TEMPESTADES

O reverso da luz é o nevoeiro. Ele surge de repente nas ilhas. Parece uma cortina fechada por um deus. Será a fugacidade da bruma que levou Homero a utilizar tantas vezes a imagem da nuvem lançada por um deus sobre um herói para tirá-lo de combate? Apolo protege Heitor no canto XX da *Ilíada* envolvendo-o em brumas, "coisa fácil para um deus":

**Três vezes Aquiles, o divino, de pés rápidos, o atacou
com sua lança: três vezes acertou a bruma profunda.**
(*Ilíada*, XX, 445-446.)

O mar homérico sempre é tempestuoso. O vento é "a ruína dos navios".

**E como fugir da morte cruel
se subitamente uma tempestade se formar
desse Noto ou desse uivante Zéfiro que tantas vezes
desmantelam os navios, apesar dos deuses protetores!**
(*Odisseia*, XII, 287-290.)

A cólera do mar nunca dá sinais prévios. A tempestade simplesmente chega. Todos os monstros marinhos são impulsivos. Na psique antiga, a tempestade é a expressão da cólera de um deus ultrajado. Ulisses recorda:

**Mal havíamos deixado a ilha [de Circe] e subitamente
vi ondas, vapores, e ouvi golpes surdos.
Das mãos de meus homens apavorados os remos caíram.**
(*Odisseia*, XII, 201-203.)

Contemplemos o horizonte da sacada de uma ilha das Cíclades. Ela se projeta sobre essas súbitas e falsas calmarias, prenúncio de convulsões. Observamos a força das rajadas rodopiando sobre as águas. Compreendemos que o mar, para os marujos de Ulisses, era a pátria de todos os perigos. Qualquer viagem entre essas ilhas tão próximas, por mais modesta que fosse, sempre constituía um mergulho no desconhecido.

Toda partida dissimulava a perspectiva de um "desastre", como dizia Ulisses, uma aventura incerta, um salto no vazio. Com muita apreensão, passava-se de ilha em ilha. A navegação se assemelhava a saltos de pulga, de refúgio em refúgio.

A *Odisseia* é a história de um naufrágio perpétuo. Inúmeras vezes, agarrado a uma tábua, Ulisses gemeu:

**Soltei pés e mãos e, com grande estrondo,
caí em pleno mar perto dos mastros
e, içando-me sobre eles, remei com as duas mãos.**
(*Odisseia*, XII, 442-444.)

Obcecado em voltar para Ítaca, Ulisses se vê constantemente jogado ao mar, levado a praias inóspitas. Depois, é salvo pelos deuses, restabelecido por suas próprias forças, desviado de seu caminho, devolvido à sua obsessão: voltar para casa.

E Homero afirma: não há retorno sem *ideia fixa*. Somente a obstinação pode triunfar sobre as tempestades. Somente a constância pode levar ao objetivo. Esse é o ensinamento do estandarte homérico: a persistência e a fidelidade constituem as maiores virtudes. Elas acabam vencendo o combate contra os imprevistos. Não desistir, única honra da vida.

Os deuses tentam desviar o impulso inicial. Éolo desencadeia os ventos, os terríveis monstros Caríbdis e Cila devoram a tripulação. Não, o mar não é um lugar amigável para o homem! Homero chama o mar de "vinoso", "estéril", "sem colheitas". Ele opõe sua superfície desumana à terra, que produz o trigo. "Borra de vinho": assim é a pele do mar! Quando vemos, sobre as águas do Egeu, grandes placas refletindo suas ondas e tingindo-as de roxo, compreendemos o adjetivo.

Justifica-se então a ideia de manter-se a salvo num sótão da ilha de Tinos. Mas pode ser frutífero cheirar o ar para compreender melhor Homero.

O mar não é um amigo. A morte no mar é o pesadelo do homem. A espuma apaga tudo com a sombra do esquecimento. Quem se lembra dos afogados? Ninguém. Quem se lembra do herói que volta para a terra firme? A humanidade inteira!

Todo marinheiro que testemunhou um tufão no mar já cogitou: e se os monstros da *Odisseia* forem personificações das tempestades? Quando ouvimos uivar o vento sobre as ondas, não pensamos numa besta furiosa? Seus uivos tornam o homem do tamanho de uma pulga. A natureza se enfurece e sua cólera assume um rosto. Ao poeta a tarefa de pintá-lo.

AMAR AS ILHAS

Há a luz, o nevoeiro, depois as ilhas.
   Cada uma é um mundo. Elas flutuam, deslizam e desaparecem. Parecem universos. Às vezes se desintegram, como manchas de sol dispersas pelo vento. Qual seu único traço em comum? A navegação. Ela é o fio de um colar de pérolas perdidas. O marinheiro circula entre destroços. Outras vezes, quando o tempo está bom, as ilhas parecem animais. Ou grandes picos com a base inundada pelo mar. Na superfície, poucas florestas. Os gregos entregaram suas ilhas às cabras, que, desde então, comem tudo. Cada ilha defende a soberania de um mundo, imperial, esplêndido. Elas delimitam um universo em flutuação. Cheio de animais, deuses, regras, mistérios. Certas manhãs, elas desaparecem sob as brumas e voltam a surgir com o ar límpido. Elas cintilam. Basta hospedar-se por alguns dias numa migalha cicládica em meio ao vento, aos jogos de luz, para sofrer de isolamento. A ilha se fecha em seu próprio envelope. Ela se declara mundo. Os vizinhos se tornam tão estrangeiros quanto um papua para um europeu do século XIX. As ilhas se delineiam ao longe, distintas, inacessíveis, separadas por canais perigosos. Todas guardam um doloroso segredo.
   A imaginação antiga terá se inspirado nessa coexistência de mundos distintos?
   Não há comunicação entre as ilhas. Eis o ensinamento homérico: a diversidade exige que cada um conserve sua singularidade. Mantenha distância se preza pela sobrevivência do diferente!

Para os aqueus, as ilhas são como pátrias indomáveis e perigosas, castelos de pedra suspensos entre o céu e o mar. O homem se dispõe a enfrentar provações. Receber um ensinamento é sua recompensa.

Um dia surge a ilha dos ciclopes, onde seres inferiores vivem da colheita de frutas, sem cultivar a terra, escapando à civilização.

Abundam as ilhas das feiticeiras, que têm como único objetivo fazer o homem esquecer suas aspirações.

Surge a ilha dos lotófagos, reino onde o homem sucumbe ao prazer indolente.

E também há Ítaca, que não é uma ilha-armadilha. Pois o lar é o centro. Ítaca brilha, eixo do mundo de Ulisses. Ulisses inaugura a linhagem dos verdadeiros aventureiros: eles nada temem porque têm um porto de origem. Todo reino fortalece. Louco é aquele que o cede por um cavalo!

A verdadeira geografia homérica está nesta arquitetura: pátria, lar, reino. A ilha de onde viemos, o palácio onde reinamos, o quarto onde amamos, a propriedade que construímos. Não poderíamos nos orgulhar de nosso próprio reflexo se não pudéssemos nos afirmar como pertencentes a algum lugar.

ACEITAR O MUNDO

A geografia de Homero desenha o rosto da Terra. O dia nasce nas ilhas cheias de esplendor e perigo. As formas do mundo vivo explodem em caleidoscópio. A vida produz sem descanso. Os versos nunca se cansam de tecer o inventário dessa expulsão. Os animais e as plantas estão ali, incrustados na ordem do mundo. Pertencem a ele como pedras preciosas num filão. E cada peça de joalheria viva avança, encarnando o divino por sua simples presença. Sua beleza é seu dogma. Deveríamos nos contentar com o mundo, e não sonhar com paraísos inacessíveis e vidas eternas. Em Homero, as revelações monoteístas ainda não inocularam nos homens a esperança em promessas obscuras. Para o homem antigo, saber possível a união entre o ser humano e o mundo real revelava-se uma tarefa suntuosa e uma vitória imensa. Por que esperar o além em vez de cumprir com paixão seu caminho humano na panóplia do real, desvelado pelo sol?

"Espanta-te com o que existe", disse Clemente de Alexandria no século II. Homero, pagão atento, não esperou esse conselho para saudar a mudança imanente.

Ele nos dá, na passagem do escudo de Aquiles, a mais bela declaração de amor à realidade. No canto XVIII da *Ilíada*, Tétis visita Hefesto e pede que o deus-ferreiro fabrique armas para seu filho, Aquiles. O divino artesão confecciona um escudo, que orna com a representação de todas as facetas do mundo humano.

A literatura descritiva conhece nessa passagem sua expressão mais genial: um poeta coloca o mundo inteiro num disco de metal construído para aparar golpes. Tanto no escudo quanto no mundo, tudo coexiste. O quente e o frio, a vida e a morte, a guerra e a paz, o campo e a cidade. Convém tudo aceitar e tudo adorar. Uma singularidade pode estar ao lado de seu oposto sem que nada se confunda, desde que ela continue sendo ela mesma. Assim equilibrado, o mundo se dispõe numa ordem hierárquica e dada, tão harmoniosa quanto a mecânica celeste:

Então o Manco, ilustre artesão, representou um campo de pastagem
num lindo vale, morada de ovelhas brilhosas;
colocou estábulos, parques, cabanas cobertas.
E o ilustre Manco fez brilhar uma pista de dança,
semelhante àquela que outrora, em Cnossos, cidade espaçosa,
Dédalo havia feito para Ariadne, de cachos esplêndidos.
Ali, rapazes e moças, que valiam vários bois para seus pais,
segurando-se pelo punho, entregavam-se à dança.
Usavam tecidos finos, vestiam túnicas
ricamente tecidas, em que o óleo luzia.
Usavam lindas coroas; portavam gládios
de ouro, presos a cintos de prata.
Corriam ora num passo sensato e ágil,
facilmente, como quando um oleiro, sentado, em sua palma
experimenta o ajuste do torno, para ver como ele gira –
ora corriam em filas opostas uns na direção dos outros.
[...]
Colocou o rio Oceano, de grande potência,
na borda do escudo, sólida armadura.
(Ilíada, XVIII, 587-608.)

Assim se dá a geografia de Homero.
Ela é o canto da realidade insuperável, ela atesta a força do mundo, soberana. Ela é a cena terna que constitui a dança de nossas vidas.

Usufruímos da luz, perecemos nos mares, vivemos dos frutos da terra, Homero bem sabe: somos os discípulos do sol. Nunca devemos esquecê-lo. Devemos dar graças à vida por nos lançar no encantamento do real.

O ilustre ferreiro encerra sua obra com a representação de uma dança. A aceitação pagã do poema da vida conduz à alegria pura e simples. Ó deuses das florestas, dos mares e dos desertos, poupem-nos as tristes crenças em especulações! Não há virgens à nossa espera depois da morte!

De que serve viver sobre a terra, sob o vento e a luz, nessa geografia, se não para dançarmos perdidamente, banhados pela luz de um mundo sem esperanças, isto é, sem promessas?

A *ILÍADA* POEMA DO DESTINO

ORIGENS OBSCURAS

Apesar das previsões de certos poetas, a Guerra de Troia de fato ocorreu.

A *Ilíada* nos pega de surpresa, Homero não se incomoda com uma introdução. O leitor é jogado – não das muralhas de Troia – diretamente no décimo ano do conflito. Abrir Homero é receber uma bofetada de tempestades e batalhas. Deparamo-nos com gregos em plena assembleia, sem que sejamos informados das causas da discórdia. Homero, na literatura, é como um aqueu na guerra: não tem meias medidas. O tema da *Ilíada* é Aquiles, sua ira e as catástrofes causadas por ela.

A invocação inicial nos informa a esse respeito já no verso de abertura.

Canta, deusa, a ira de Aquiles Pelida,
ira funesta que fez a dor da multidão dos aqueus,
precipitou para o Hades, aos milhares, as almas ferozes
dos guerreiros, e entregou seus corpos como pasto aos cães,
às aves em banquete.

(*Ilíada*, I, 1-5.)

Para conhecer as causas da guerra, será preciso esperar alguns cantos, ou pesquisar em outro lugar, explorar outras tradições literárias. Não há dúvida de que os gregos do século VIII, ao ouvirem o aedo dar início ao poema, conheciam todas as discórdias ocorridas quatro séculos antes entre troianos e aqueus.

Mas e nós, leitores de hoje, o que sabemos? Vinte séculos se passaram e o velho antagonismo entre os homens de Príamo e os súditos de Agamenon não nos é familiar! Mais tarde no poema, no meio de um verso, Aquiles diz:

**Por que travar uma guerra
contra Troia? Por que conduzir um exército para essas bandas,
seguir o Átrida, se não por Helena dos cabelos magníficos?**
(*Ilíada*, IX, 337-339.)

Depois dessa breve explicação, ele se retira para sua tenda, deixando os companheiros perecerem sob os assaltos dos troianos. Essa é a única coisa que Homero aceita nos informar sobre as origens do conflito.

Mas é preciso voltar a antes da existência de Helena para compreender o começo da guerra. Os deuses a causam. A deusa Tétis, seguindo a vontade de Zeus, se casa com um mortal, Peleu, no monte Pélion.

No casamento, uma das convidadas é Éris, deusa má, campeã da discórdia. Ela convida o jovem pastor Páris a dizer o nome da deusa mais bela. Ele pode escolher entre Atena, deusa da vitória, Hera, personificação da soberania, e Afrodite, rainha da volúpia. O rapaz escolhe Afrodite, como a maioria dos homens teria feito. Ele ganha Helena como recompensa por sua escolha, a mais esplendorosa das mortais, prometida a Menelau, rei da Lacedemônia e irmão de Agamenon. A guerra é declarada.

Para o grego antigo, a beleza do corpo é o "sublime dom" baudelairiano, manifestação da superioridade, expressão da inteligência. Mas a beleza pode ser fatal, e a de Helena, filha de Zeus e Leda, é venenosa. Os aqueus não toleram que a mulher de um de seus reis seja raptada por um troiano. Helena se torna o estopim da guerra.

Essas referências vêm de fontes gregas e latinas posteriores ao poema homérico. Jean-Pierre Vernant, melhor do que qualquer um, estudou-as para ensiná-las a nós.

PRELÚDIOS E ABERTURAS

Os primeiros cantos da *Ilíada* se destinam à exposição do tema, da mesma forma que falamos em "exposição do motivo" em uma sonata, em música. As nuvens se acumulam sobre as planícies humanas. Os aqueus (é assim que Homero chama os gregos) estão nas praias troianas, em frente à cidade do rei Príamo, há nove anos. Os soldados estão exaustos. A unidade aqueia se deve à autoridade de Agamenon, que no entanto se esvai, porque o desejo de encerrar a guerra é mais forte do que o ardor por ela.

A passagem do tempo deixou os nervos dos soldados à flor da pele. Agamenon comete um erro: priva Aquiles de sua prometida, Briseis, jovem cativa que coubera ao guerreiro como sua parte do butim. O que o velho chefe foi fazer? O loiro e belo herói, líder dos mirmidões, Aquiles de "pés rápidos", Aquiles "caro a Zeus", é o melhor guerreiro. Humilhado, ele se refugia em sua tenda para ruminar seu rancor, retirando-se da guerra. Esta é a primeira visão da ira de Aquiles: uma ofensa por honra.

Mais tarde, ele retoma as armas para vingar Pátroclo, seu amigo morto em combate. E a ira se torna então uma fúria inextinguível, titânica. Mas, calma, ainda não chegamos lá.

Homero descreve as forças alinhadas para o combate. Faz uma longa litania dos povos armados que formam a coalizão dos aqueus. Deparamo-nos com uma geografia inaudita de ilhas e mares distantes onde reinam príncipes desconhecidos e senhores esquecidos. Quem se lembra dos homens? Será que realmente existiram? Uma estranha enumeração surge no poema.

Os beócios se alinhavam sob Peneleu e Lito,
Protenor, Clônio e Arcesilau, o lícida;
habitantes, uns, de Hiria e Áulide, a rochosa,
e Escono, Escolo, as inúmeras colinas de Eteono,
Graia, Téspio e Micalesso, de vastos espaços;
outros viviam nos arredores de Harma, Iléssio e Eritras;
ocupavam Eleona, Hila, Peteona, ou ainda
Ocaleia, Medeona, cidadela de muros sólidos,
Copas, Eutrésis, Tisbe, repositório de pombas;
outros tinham Coroneia, Haliarto de ricos pastos,
outros viviam em Plateia, ou tinham em Glissa sua morada;
viviam em Hipotebas, a cidadela sólida,
ou, santuário de Poseidon, nas clareiras de Onquesto,
e Arne de pesados vinhedos, Nisa divina,
e Mideia, e Antedo, limite das terras.

(*Ilíada*, II, 494-508.)

 A lista poderia continuar por vários minutos. Por que Homero se distrai com isso? Para a glória de um universo mosaico. O grego antigo não pensa na universalidade nem na unidade do mundo. Nada que seja grego é global. Os homens e os lugares se destacam como infinitamente singulares, distintos uns dos outros e, felizmente, hostis uns aos outros, como preconizava Lévi-Strauss, pois convém defender-se da uniformização.
 O "homem", tal qual forjado pelas Luzes, não existe entre os gregos homéricos. Para eles, cada um tem um rosto, uma qualidade, uma linhagem e um rei. O "catálogo das naus" traça uma realidade selvagem, esplêndida, inacessível, que só pode ser apreendida pela descrição, nunca pela análise. Esse mosaico não tem um sentido. Aceitemos nomear suas facetas.

OS DEUSES JOGAM DADOS

Helena foi sequestrada por Páris e é mantida dentro das muralhas de Troia. O confronto é inevitável. Os homens tentam evitá-lo organizando um duelo entre os dois interessados: o amante e o marido. Páris, que raptou a bela Helena, e Menelau, o marido enganado. Mas os deuses estão sentados no Olimpo. Eles brincam com os homens como se jogassem dados. Não querem que os povos evitem o conflito e decidem reacender sua chama...

Zeus faz uso de estratégias complicadas. Ele precisa satisfazer Hera, humilhada por Páris e ávida pela derrota troiana. E precisa satisfazer Tétis, que o havia socorrido em tempos imemoriais e cujo filho Aquiles, que deseja a vitória dos troianos, fora ofendido por Agamenon. Atena, por sua vez, apoia os aqueus. Apolo, os troianos.

Zeus, em suma, joga xadrez. Os deuses sempre foram excelentes em jogar às nossas custas esse *grande jogo* no tabuleiro do mundo, que os russos do século XIX, para designar as manobras político-militares, chamavam de "turbilhão de sombras". Hoje, as complicadas manobras de Zeus têm seu equivalente no Oriente Médio, onde as potências mundiais posicionam seus peões num tabuleiro como se colocassem velas na tampa de um barril de pólvora. Zeus quer a guerra dos homens para ter paz no Olimpo.

E Homero usa esses primeiros cantos para nos indicar essa verdade que retorna ao longo do poema: é mais fácil reinar sobre os humanos quando estes se entredevoram. Nossos escombros são o trono dos deuses.

Os deuses rompem o pacto dos homens. Zeus envia um agente de sua tropa de choque na pessoa de Atena para atiçar a guerra:

Vai sem demora para o acampamento troiano e para o exército dânao
e obriga os troianos a enganar os argeus de grande glória
rompendo o pacto, violando suas promessas.
(*Ilíada*, IV, 70-72.)

E a batalha tem início. Os cantos seguintes são som e fúria. *Sturm und Drang*: tempestade e ímpeto, diriam os românticos alemães. Tempestade para os homens, ímpeto no Olimpo. Mas Homero ainda precisa descrever uma cena: a despedida de Heitor e Andrômaca. O guerreiro se afasta dos braços da mulher e ouve a famosa pergunta antiga: deves sacrificar a felicidade de uma vida comedida no altar da glória?

Tem piedade e permanece na fortificação,
não torna teu filho órfão, nem viúva tua mulher.
Coloca o exército diante da figueira, por onde nossa cidade
abre uma passagem, por onde a muralha é mais acessível.
(*Ilíada*, VI, 431-434.)

Heitor não dá ouvidos à súplica da mulher:

ninguém pode fugir de seu destino, afirmo-o,
uma vez nascido, nenhum mortal, seja covarde ou nobre.
(*Ilíada*, VI, 488-489.)

E entrega-se ao inelutável, com sua armadura brilhante, reflexo de glórias futuras.

O LADO CERTO DO MURO

A hora é de guerra. Os aqueus constroem um muro defensivo. O poema tece a dialética do sitiante e do sitiado. Até então, a ofensiva cabia aos gregos; os troianos se mantinham à sombra de sua muralha. Uns vêm do mar, os outros vivem na opulência. Uns invadem, os outros se protegem. Mensagem de Homero para os tempos atuais: civilização é quando se tem tudo a perder; barbárie, quando se tem tudo a ganhar. Lembre-se sempre de Homero ao ler o jornal pela manhã.

O muro é erguido. Tudo se inverte, e não está longe o momento em que os conquistadores serão sitiados. E o leitor descobre como os deuses dispõem cinicamente do futuro dos homens. Zeus diz a Poseidon:

no dia em que os aqueus de longos cabelos
partirem em suas naus para sua doce terra natal,
arrasa o muro, derruba-o por inteiro nas ondas,
depois cobre de areia a imensa praia
a fim de que o grande muro do exército dânao seja destruído.
(*Ilíada,* VII, 459-463.)

Esses versos evocam a imagem dos templos ciclópicos, sepultados pela vegetação. Penso em Angkor, ou nas cidades incas. Estamos longe da partida dos aqueus das terras afogadas por Poseidon, mas a fatalidade é a mesma: construções gloriosas desaparecem, varridas pelo vento, cobertas por espinhos ou areia, levadas pelos ataques do tempo.

Tudo passa, principalmente o homem. E todo sitiante pode se tornar sitiado. A questão da vida é saber de que lado do muro ficar!

Os cantos se sucedem. Ora a ascendência cabe a uns, ora a sorte favorece a outros. O badalo do destino, como o do relógio, varre a planície. Numa oscilação fatal.

Zeus alterna suas escolhas e concede suas preferências a uns e outros segundo humores e interesses. No tumulto da ação, acima dos derramamentos de sangue, a imagem suntuosa de uma biga se sobrepõe ao infortúnio e vem lembrar que a beleza sempre paira acima da morte:

Eles se instalaram, ferozes, no campo de batalha,
para passar a noite; fogueiras ardiam, em grande número,
como as estrelas, no céu, em torno da lua brilhante
refulgem ao longe, quando o éter está livre de brisas.
Eis que reluzem os cimos, os grandes promontórios,
os vales: no céu se rompe o éter insondável,
as estrelas estão lá, o pastor se alegra em sua alma.
Do mesmo modo, no intervalo das naus e das ondas do Xanto,
brilhavam as fogueiras que aqueciam os troianos abaixo da cidade.
(Ilíada, VIII, 553-562.)

O TRIUNFO DO VERBO?

Homero interrompe os combates. Ulisses, Fênix e Ajax vão ao encontro de Aquiles. Homero canta com sua harpa as nuances da persuasão. Trata-se de exortar o guerreiro ultrajado a voltar à luta. Sua ausência é cruel para os aqueus. Eles sofrem reveses. O retorno de Aquiles poderia mudar sua sorte.

Ulisses usa um argumento político e afirma que Agamenon o cobrirá de tesouros se ele aceitar "aplacar sua ira". Fênix recorre a súplicas, mas Aquiles não cede: somente o arrependimento de Agamenon poderia convencê-lo. Ajax usa o argumento do soldado: o exército ama Aquiles. Seu argumento comove o guerreiro. Apesar de não voltar para a luta, ele aceita não desertar da praia. E, melhor ainda!, promete lutar se os barcos forem ameaçados e se Heitor se aproximar.

Alguns viram na ira de Aquiles a expressão de um narcisismo patológico, pois não conseguem conceber, em nossos tempos responsáveis, que uma ofensa à honra possa ser a mais grave de todas!

E a guerra recomeça, a grandes golpes de lança, a torto e a direito. Correm lágrimas, corre o sangue. As "pupilas" se velam, as armas "caem sobre os corpos" (expressões de Homero para descrever a morte), os soldados caem. Uma carnificina.

Agamenon é ferido, Ulisses e Diomedes também. Os aqueus acusam o golpe. Os troianos avançam até o pé da muralha grega: **Sem o acordo dos deuses essa obra foi construída**

(*Ilíada*, XII, 8), lembra Homero. Mais uma vez, o ouvinte da *Ilíada* aprendia o custo de não se respeitar os usos e ultrapassar os limites.

Em toda parte, parapeitos e torres pingavam o sangue das vítimas
derramado por aqueus e troianos, de um lado ou do outro.
Eles não podiam encurralar os aqueus em fuga.
Aguentavam firme como uma mulher, fiandeira infalível,
que segura a balança equilibrando o peso e a lã,
e só obtém, para alimentar seus filhos, um magro salário;
assim, conflitos e combates eram travados com justo equilíbrio,
até o momento em que Zeus concedeu a Heitor, filho de Príamo,
uma glória maior: transpor a primeira muralha!
(Ilíada, XII, 430-438.)

Preste atenção neste verso: os deuses *brincam* conosco e, quando o destino lhes parece tendencioso, escolhem outro campeão. Homero insinua isso várias vezes. Os homens são a variável de ajuste das ações dos deuses. Resumindo, dispomos de nossa vida, os deuses dispõem de nós.

Homero explora todas as formas da virada estratégica. No canto XIV, a técnica se torna cômica. É o gênio de Homero: a imaginação nunca se esgota, nem mesmo para descrever uma situação repetida várias vezes. Dessa vez, trata-se de uma nova contraofensiva aqueia, com uma inversão tática.

Hera decide seduzir Zeus pedindo ajuda a Afrodite. As deusas do céu e da terra trocam cintos e Hera se requebra para distrair Zeus, que cai na armadilha: **o desejo por ti me inflama** (*Ilíada*, XIV, 328). A cena de amor é humana, demasiado humana, ou seja, ridícula.

Zeus está ocupado acariciando Hera enquanto a deusa envia Poseidon para ajudar os aqueus a obter uma breve trégua no ataque troiano.

Furioso por ter sido enganado, Zeus reordena o equilíbrio de forças, reorquestrando o avanço das linhas de frente. Essas idas e vindas das tropas lembram as absurdas ofensivas da Primeira Guerra Mundial, descritas por Jünger, Barbusse ou Genevoix, em que os exércitos desperdiçavam meses e milhares de homens na conquista de alguns alqueires de lama. A diferença? Os soldados franceses não tinham armaduras de bronze e capacetes brilhantes, mas pode ser que os deuses funestos estivessem agindo acima das planícies.

A MALDIÇÃO DO EXCESSO

Chegamos então ao auge das dificuldades dos aqueus. O muro está prestes a ceder. Na *Ilíada*, ele simboliza a proteção e a soberania, bem como os limites impostos pela sociedade. Um muro, como uma fronteira, é um tesouro precioso. Uma brecha anuncia desgraças. Dois mil e quinhentos anos depois de Homero, os promotores de um planeta aplainado, sem nações ou fronteiras, deveriam um dia se sentar à sombra tranquila de uma muralha e meditar sobre a *Ilíada*.

Eles avançavam em fileiras. Apolo seguia na frente,
segurando a égide preciosa: derrubava a muralha
com facilidade, como uma criança que, brincando na praia
com castelos de areia, em pueril fantasia,
de repente, com as mãos ou os pés, os destruísse.
(*Ilíada*, XV, 360-364.)

O front cede. "Todos ao assalto das naus", grita Heitor, e os troianos atacam os navios gregos.

Portanto, foram necessários quinze cantos para se chegar a isto:

Heitor agarrou a popa e, sem afrouxar a pegada,
não soltou mais o aplustre, gritando suas ordens:
Tragam fogo e depois, juntos, adensem a batalha!
(*Ilíada*, XV, 716-718.)

Aquiles havia prometido que só interviria quando os troianos atacassem os barcos.

Tinham acabado de fazê-lo. Chegara a hora da ação. Aquiles poderia ter-se inspirado no belo verso de Fernando Pessoa, 2500 anos antes de sua escrita: "Agir é repousar".

Teria poupado todas aquelas mortes.

Não nos precipitemos. Aquiles ainda não participa da batalha. Ele aceita, por enquanto, que Pátroclo se una às fileiras combatentes, usando suas próprias armas. Uma maneira de Aquiles enviar seu holograma à guerra.

Dei minha palavra
de que não renunciaria à minha ira até
que o tumulto e a guerra atingissem meus navios.
Pega portanto minha armadura e cobre-te com ela.
(Ilíada, XVI, 61-64.)

Seria uma ironia de Homero?

Ou uma ocasião para lembrar que ninguém pode escapar do húbris, esse cão raivoso? Em breve, Aquiles se transformará num monstro furioso, mas por enquanto dá ao amigo conselhos de comedimento.

Como Stalin recitando o Evangelho, Tariq Ramadan proferindo lições de cortesia ou o sultão Erdogan, na planície de Troia, filosofando com o rei da Arábia Saudita sobre os direitos do homem:

Não te deixes inebriar demais de furor e de guerra
ao massacrar os troianos, levando a batalha até os muros de Troia:
teme que se abata sobre ti um dos deuses que estão e estiveram
no Olimpo.
(Ilíada, XVI, 91-94.)

Aquele que será o pior dos monstros incita o amigo à moderação. Lembraremos desses versos ao assistir à carnificina cometida por Aquiles. Pátroclo não lhe dá ouvidos. E abre caminhos sangrentos pelas fileiras troianas. Homero usa uma boa expressão para designar a raiva de Pátroclo: "a cegueira do louco". Ele mata Piraicmes, Areílico, Pronos, Testor, Eríalo, Erimas, Anfotero, Epalte... Ele vai além dos limites, erro supremo. Como em toda história homérica, ele é punido por seu pecado. Toda violência contém em si mesma sua condenação. Todo excesso provoca seu castigo. Então vem a punição.

Pátroclo é atingido por Apolo e morto por Heitor com uma estocada no ventre. **Então surgiu de tua vida, Pátroclo, o derradeiro limite (*Ilíada*, XVI, 787.)** "Derradeiro limite" poderia ser o subtítulo da *Ilíada*.

Heitor conduz o julgamento dessa alma tomada de demência antes mesmo de Pátroclo soltar o último suspiro:

**Miserável! De que te serviu a valentia de Aquiles,
que te deu, no momento da partida, inúmeros conselhos?**

(*Ilíada*, XVI, 837-838.)

Ainda não acabamos com o húbris. A força cega desperta sobre a terra. Os homens passam, as tropas se enfrentam, os heróis morrem, o excesso resiste e se transmite de um a outro. Ele é um vírus. Uma doença psiquicamente contagiosa. Dessa vez, a cegueira é inoculada em Heitor. Despojando Pátroclo da armadura de Aquiles, ele a veste sem consideração pelo cadáver. Zeus:

Ah, infeliz! Não dedicas nenhum pensamento à morte, que está muito
próxima de ti. Mas vestes a armadura divina
do melhor guerreiro, que todos os outros temem.

Mataste seu companheiro corajoso e amável,
privaste seus ombros, sua cabeça, contra a ordem das coisas,
de suas armas.

(Ilíada, XVII, 201-206.)

    Ouçamos bem a frase mais importante da acusação: "contra a ordem das coisas". Cada homem aconselha o outro contra o excesso, antes de se tornar ele mesmo culpado. O homem é pateticamente tocante. Sempre utiliza com os outros a lucidez que não possui em relação a si mesmo. É a formulação mitológica da frase profana: "Faça o que eu digo, mas não faça o que eu faço!".

O TALENTO DE AQUILES

Aquiles é informado da morte de Pátroclo, seu amigo, seu duplo. Prostrado pela tristeza, ele toma uma decisão: reconciliar-se com Agamenon. Ele voltará ao combate. Mas perdeu as armas, roubadas por Heitor. Homero aproveita para escrever um magnífico interlúdio sobre a visita de Tétis a Hefesto.

Tétis, mãe de Aquiles, vai até o deus ferreiro para pedir-lhe a fabricação de novas armas. (Oh! Como é tocante essa mãe que vai comprar roupas para o filho nas Galeries Lafayette da mitologia, para que ele possa, ao rufar dos tambores, correr para seu destino, a morte!)

Aquiles está reconciliado, pronto para o combate, aflito pela morte do amigo Pátroclo, vestido com novas armas graças aos cuidados de mamãe. Tudo está pronto para que ele volte à luta, furioso e arrebatado. É o começo da segunda ira de Aquiles. A ultraviolência tem início.

Então, Aquiles se lançou contra os troianos, vestido de bravura, gritando, e fez de Ifitíone sua primeira vítima.

(*Ilíada*, XX, 381-382.)

Conhecemos o mecanismo do húbris. Nada o detém. Nem a compaixão, nem a rendição, nem a distinção. Sem medo nem piedade, como diz a Legião. Ele mata, dizima, massacra. Homero narra centenas de versos como se estivesse numa loja de horrores. Mas que o leitor se tranquilize: não é o único a ficar enjoado.

Os próprios elementos se revoltam contra o excesso. E a guerra se torna cósmica. Os homens, os animais, os deuses, a água, o fogo: tudo convulsiona na luta. Os homens conseguem desregular a máquina universal. A mobilização total tem início.

O rio Escamandro se rebela contra a raiva de Aquiles e tenta interromper a demência, transbordando de seu leito para carregar o herói:

assim as ondas, a cada instante, alcançavam Aquiles,
por mais rápido que ele fosse: os deuses são melhores que os homens!
(*Ilíada*, XXI, 263-264.)

Aquiles luta para não se afogar.

E se nós, os homens, estivéssemos nos comportando diante da natureza como Aquiles diante dos deuses? Desregulamos seu equilíbrio. Ultrapassamos todos os limites, esgotamos o mundo, extinguimos os animais, derretemos as geleiras, acidificamos os solos. Hoje, nossos rios Escamandros, isto é, todas as manifestações da Vida, saem de seu silêncio para apontar nossos excessos.

Em termos ecológicos, dizemos que os sinais de risco chegaram ao alerta vermelho. Em termos mitológicos, dizemos que os rios transbordam de desgosto. Somos, como Aquiles, perseguidos pelas águas. Ainda não compreendemos que devemos diminuir a velocidade de nossa corrida em direção ao abismo que tolamente continuamos chamando de progresso.

A PEDRA ANGULAR

O enfrentamento tem início. A pedra angular da *Ilíada*. O ponto vélico dos marinheiros. O duelo entre Aquiles e Heitor.

Eles se enfrentam. Heitor foge, lembra da vida boa de antes, a que está prestes a perder. Enganado por Atena, ele para e se vê diante de Aquiles. Os dois heróis se insultam, lutam, Heitor é morto, Pátroclo é vingado.

E, mesmo assim, a ira de Aquiles não é aplacada. O húbris, irracional e circulante, não se esgota só porque os acontecimentos querem. A ira não é saciada. Homero dá ao excesso uma nova expressão.

Não se trata de massacrar os soldados com arrebatamento, isso seria comum. Aquiles profana o corpo de Heitor. Ele o prende a seu cavalo e o arrasta pelo chão. Para a tradição antiga, não poder prestar homenagens a um cadáver é a desonra suprema, a pior de todas as "ofensas infames".

A profanação é desencorajante. Pensamos que a loucura arrefeceria. O húbris nunca cessa. Não há paz para os guerreiros, não há trégua para a violência, não há descanso para os deuses. Eles acabam ficando indignados. E o próprio Apolo – apesar de guerreiro e violento – se pronuncia contra a explosão demoníaca do homem:

Deuses!, venham em auxílio do maldito Aquiles,
que não tem coração sensato ou pensamento flexível
no peito: como um leão, ele age como um selvagem –

leão dominado por sua grande força, por sua alma feroz,
que ataca as ovelhas dos mortais por desejo de se banquetear:
assim Aquiles perde a piedade, ignora a vergonha,
a vergonha que arruína ou favorece os homens.
Sem dúvida um dia perderemos aquele que amamos,
ou o filho, ou o irmão de uma mãe comum,
mas paramos depois dos soluços e das lágrimas:
resignado é o coração que as Moiras deram ao homem.

(*Ilíada*, XXIV, 39-49.)

Este é um dos ensinamentos de Homero: o húbris plana sobre nossas cabeças, sombra maldita, e nos arrasta para a guerra. Nada o detém. Os homens passam o bastão uns aos outros e lutam... E se a guerra, que nasce em todas as partes do mundo, ontem na Europa, hoje no Pacífico e no Oriente Médio, não passasse de um dos rostos desse mesmo húbris sempre recomeçado, nunca saciado, que às vezes toma a forma de um soldado soviético, de um samurai ou de um cavaleiro da Távola Redonda?

A PAZ É UM INTERLÚDIO

Logo vamos deixar a planície de Troia... A loucura destrutiva diminui. O apocalipse se acalma. Homero nos convida para o funeral de Pátroclo. O cadáver de Heitor ainda não foi devolvido aos seus. Os jogos fúnebres começam, e Aquiles tem a oportunidade de finalmente se exibir no papel de rei. Ele conduz os jogos com inteligência, guia os litígios, prova sua arte de governar.

O demônio se faz rei. Essa é uma das marcas do gênio grego: nunca determinar, no homem, onde fica a fronteira entre o bem e o mal.

Aquiles poderia ter representado para sempre a imagem do psicopata. Mas o poeta antigo não talha o homem com uma linha moral tão pronunciada. Isso seria coisa da dialética cristã ou, pior, muçulmana: jurídica, convencionada.

Mais tarde, as revelações monoteístas instituirão uma leitura binária do mundo, injetando as toxinas da moral nas relações humanas e presidindo a desgraça de nossas sociedades binoculares onde uma linha desesperadamente estreita separa o lado luminoso do lado sombrio.

O último quadro da *Ilíada* é de um classicismo límpido, poderíamos dizer um tanto tolamente, pois o classicismo consiste em basear-se nos cânones antigos. Trata-se de uma cena de ação em que os sentimentos chegam ao mais alto grau da elegância, em meio a uma atmosfera de perigo. O velho rei Príamo, pai de Heitor, cheio de tristeza pela morte do filho e pelo tratamento reservado a seu cadáver, atravessa as linhas de combate e chega ao acampamento inimigo. A expedição é suicida. Que audácia! Mas o amor do pai é superior a todos os perigos. É verdade que Hermes o ajuda na empreitada, mas o episódio eleva Príamo à categoria dos heróis eternos.

Os dois príncipes inimigos se falam, se cumprimentam, se admiram e negociam em surdina. Homero propõe com isso uma definição de nobreza: a virtude vence as pulsões.

O pai implora a Aquiles o corpo do filho. Ele presta suas homenagens ao algoz do filho! Aproxima-se do assassino com "as mãos em súplica"! E Aquiles cede. Um guerreiro de uma época solar pode admirar a grandeza humana do adversário. Príamo ousa. Aquiles aceita a ousadia. Eles combinam uma trégua para os funerais de Heitor.

Assim, as cerimônias podem ser organizadas e a *Ilíada* chega ao fim. A batalha recomeça depois da trégua e termina com a destruição de Troia. Mas não é o texto que nos diz isso. Encontramos seus ecos mais tarde, na *Odisseia*, em outros textos, em outras páginas.

A *Ilíada* nos ensina uma coisa. O homem é uma criatura amaldiçoada. Nem o amor nem a bondade dirigem o mundo, mas a raiva.

Às vezes ela se aquieta, mas nunca para de rugir, surda, selvagem, oculta nas profundezas da terra como uma sombra de focinho arreganhado que não suporta sofrer, mas que não conhece a causa de seus ferimentos.

A *ODISSEIA*
A ORDEM DOS ANTIGOS DIAS

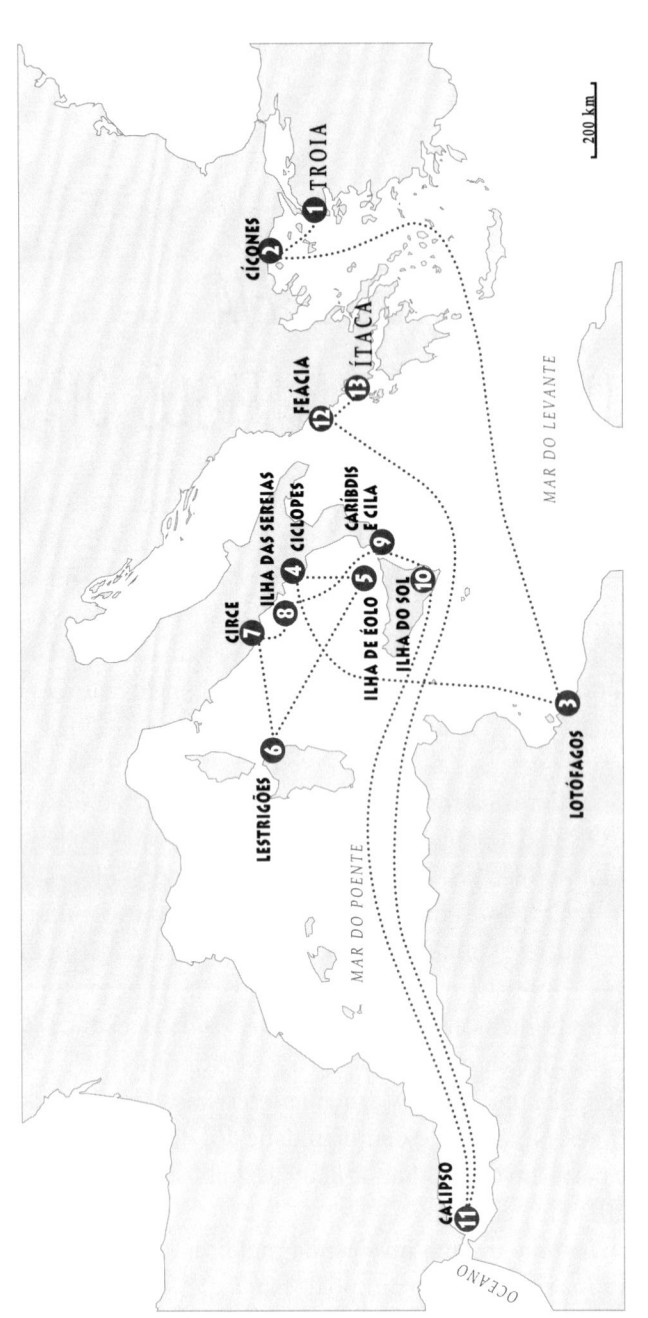

O périplo de Ulisses, segundo Victor Bérard (1864-1931), tradutor da *Odisseia* (1924).

O CANTO DO RETORNO

A construção da *Odisseia* não é nem linear nem cronológica. Ela é *moderna*, poderíamos dizer hoje (*moderno*, palavra utilizada para designar as coisas invariáveis).

O poema narra três acontecimentos. A viagem de Telêmaco em busca do pai; as aventuras de Ulisses regressando a Ítaca, depois da Guerra de Troia; a chegada de Ulisses em seu reino e a luta para expulsar os usurpadores e restaurar a ordem das coisas.

Trata-se, portanto, do canto da volta para casa, da reorganização do destino. O cosmos foi perturbado pelos ultrajes dos homens em Troia. A harmonia precisa ser restabelecida. "Eles retornarão, os deuses por quem continuas a chorar! O tempo recriará a ordem dos antigos dias!", escreve Gérard de Nerval em *Délfica*. Ó verso à potência homérica! Voltar à pátria, reparar o equilíbrio cósmico restabelecendo o equilíbrio privado, este é o objetivo da *Odisseia*: em outras palavras, recivilizar o mundo.

A *Odisseia* também é o poema da remissão, escrito oitocentos anos antes do Evangelho do perdão. Ulisses pecou, precisa pagar pelos homens que se excederam. A viagem é expiação, diz Homero. Os deuses se colocarão no meio do caminho do pecador para impor-lhe provações. Mas alguns intervirão a fim de ajudá-lo a superá-las. Nisso reside a ambiguidade dos deuses antigos: são juízes e parte envolvida. Eles armam as emboscadas e oferecem o socorro para vencê-las.

A *Ilíada* é o tema musical da maldição dos homens. Os cães da alma são soltos no campo de batalha. A *Odisseia* é o livro de horas de um homem que escapa do frenesi coletivo e tenta restabelecer sua condição de mortal – livre e digno.

Último eixo da *Odisseia*: a constância da alma. O maior perigo consiste em *esquecer* seu objetivo, perder a si mesmo, deixar de buscar o sentido da própria vida.

Renegar-se, indignidade suprema.

O CONSELHO DOS DEUSES

O relato das aventuras marítimas começa no canto IX, diante da assembleia dos feácios, insulares pacíficos. Eles recolhem Ulisses, naufragado em suas praias. A reconquista do reino espoliado virá mais tarde.

Antes disso, temos uma longa introdução em que se alternam as conversas dos deuses a respeito do destino dos homens e as aventuras de Telêmaco.

Que construção estranha! Quantos flashbacks, diríamos nas línguas bárbaras. Quantas inversões e histórias dentro da história! Ulisses começa a narrar suas peripécias depois de ouvir um aedo falar de sua pessoa durante o banquete feácio. Até então, mantém-se incógnito. De repente, porém, o aedo dá vida ao homem, retira-o do anonimato. O verbo se faz carne. E Homero confirma – antes mesmo de sua existência – que a *literatura* dá corpo à vida.

O poema tem início com uma imagem.

Calipso, deusa suntuosa, mantém Ulisses prisioneiro enquanto os outros guerreiros já voltaram da planície de Troia. Ulisses conseguirá voltar para casa? Os deuses – com exceção de Poseidon – concordam que o herói deve ser libertado. Poseidon não perdoa Ulisses por ter mutilado o Ciclope, seu filho. Mas Zeus acredita que "Poseidon acabará se acalmando".

O tema filosófico desse canto se entrelaça à trama dos versos: o homem sempre tem um pouco de liberdade. Ele pode se redimir, mesmo depois de comprometer sua dignidade. Os deuses não são contra os homens, ou ao menos nem sempre. E o homem conserva certo poder de ação dentro do destino que os imortais traçam para ele.

Com a autorização de Zeus, Atena vai a Ítaca para encontrar Telêmaco e anunciar-lhe que seu pai está vivo. A deusa ordena que o jovem herdeiro parta em busca do pai. Primeiro é preciso acalmar os pretendentes que disputam o trono. É preciso ganhar tempo, depois embarcar, isto é, *agir*, para um grego. O homem é um fio de linha, livre para se mover na tapeçaria de um destino já traçado... Como o navegador que decide seu rumo, dentro dos limites do mar profundo e azul.

Telêmaco levanta âncora. Parte em busca do pai. Os pretendentes se opõem à sua partida. Eles cometem todo tipo de vilania ao longo do relato: usurpam o lugar do rei, desejam a rainha, atacam o filho. Por pretendentes deve-se entender cortesãos.

São os tartufos, os marqueses empoados e ambiciosos de corte, tão conhecidos da História. Eles sempre se acotovelam em torno do poder, da mesma maneira que fervilham aos pés de Penélope, vulgares e insolentes. Eles rastejam sob o trono de Ítaca. Suas reencarnações hoje disputam as almas das repúblicas.

EM NOME DO FILHO

Antínoo, à frente dos pretendentes de Penélope, revela sua mediocridade ao dizer a seguinte frase a Telêmaco:

Consumiremos tuas riquezas e teus bens
enquanto ela não abandonar a conduta
que os deuses lhe inspiraram.
(*Odisseia*, II, 123-125.)

Lembremos, a respeito de Penélope, o estratagema da tapeçaria. Homero menciona suas outras virtudes. A inteligência de uma mulher e sua firmeza de alma podem manter os chacais à distância. A *Odisseia* é o poema da inteligência. Quem triunfará? Ulisses e Penélope, ajudados por Atena: três gênios da mente! Assim se desenha a trilogia vitoriosa da Antiguidade: astúcia, constância e soberania.

Telêmaco singra os mares em busca do pai, enquanto este tenta voltar para casa. Os deuses assistem a esse remendo da cortina rasgada. A tapeçaria de Penélope é o símbolo da trama em vias de ser reatada.

Para Ulisses e Telêmaco, trata-se de unir as pontas do fio da ordem filial e senhorial.

Eles se encontram ao fim da viagem. Nesse mundo, a desordem nunca constrói coisas válidas. É preciso ser um filósofo schumpeteriano moderno, cercado de conforto, para acreditar que a destruição possa ter valor criador e para desejar tais explosões! Do caos, nada pode nascer.

Larguemos as amarras junto com Telêmaco! Ficaremos muito tempo no convés dos barcos, sob o chuvisco das ondas, pelo **mar vinoso** (*Odisseia*, I, 184). Triste é o filho que parte em busca do pai. Que por sua vez busca a si mesmo. A *Odisseia* é o réquiem dos homens perdidos. Em Pilos, Telêmaco encontra Nestor, antigo combatente de Troia que lhe narra os combates em torno da cidade.

Lá morreram os melhores de nós.

(*Odisseia*, III, 108.)

Depois que pilhamos a cidadela de Príamo,
Zeus, infelizmente!, reservou aos gregos um funesto retorno,
porque eles não ouviam nem a razão nem a justiça;
foi assim que muitos tiveram triste destino
pela cólera terrível da Filha Onipotente.

(*Odisseia*, XIII, 130-135.)

Assim, o próprio Nestor admite que o excesso rompeu o equilíbrio e que os homens pagaram por sua desmesura. Mas todos tinham voltado para casa, pelo menos. Todos? Todos salvo Ulisses.

Telêmaco anda em círculos. Sua busca fantasmagórica é o grito desvairado de um filho que precisa encontrar o pai para se tornar um homem. Atena lhe diz, no canto anterior:

Aparelha a melhor de tuas naus, com vinte remeiros,
busca notícias desse pai, sempre ausente.

(*Odisseia*, I, 280-281.)

Sabes que não se trata mais
de ser criança: essa idade já passou.

(*Odisseia*, I, 296-297.)

Poderíamos contrapor ao Édipo de Freud o Telêmaco de Homero e inventar um novo complexo, baseado no reencontro e não na ruptura.

Telêmaco não quer matar o pai, nem cobiçar a mãe. Ele luta para reencontrar o genitor, recolocá-lo no trono e reunir os pais. O Édipo freudiano, por sua vez, precisa profanar suas origens para afirmar sua individualidade. Posso confessar que a figura telemaquiana me parece mais principesca? Não corresponderia a nossas estruturas psíquicas mais profundas?

Telêmaco chega à Lacônia e encontra Menelau e Helena, reconquistada por este último. Ainda estamos no mundo da guerra, a *Odisseia* não começou exatamente. Menelau conta ao filho de Ulisses as façanhas do pai, o cavalo de Troia, a morte de Agamenon, assassinado por Egisto. Ulisses já é um herói conhecido. Ele é fonte de muitas histórias, mas é preciso chegar ao canto seguinte, o quinto, para finalmente encontrá-lo em carne e osso. Ulisses tarda! Ulisses se faz esperar. Ulisses penetra no poema "como os lagostins" de Apollinaire, "recuando, recuando".

ABRIR AS VELAS, REVELAR-SE

Os deuses de novo estão reunidos em assembleia e Hermes é enviado a Calipso para ordenar que a deusa liberte Ulisses. Humilhada, Calipso obedece ao pedido de Zeus. Ela lamenta a impossibilidade das grandes paixões:

**Sois impiedosos, deuses mais invejosos que os mortais,
que detestais ver uma deusa com um homem
abertamente, quando o acolheu como esposo!**
(Odisseia, V, 118-120.)

Ulisses está livre. Liberto da pior ameaça à vida de um homem depois do esquecimento da própria identidade: o esquecimento de seus objetivos.

Por enquanto, ele chora o reino perdido.

**Toda a doçura da vida escorria
junto com suas lágrimas.**
(Odisseia, V, 152-153.)

Fundamento do pensamento grego em geral e do ensinamento homérico em particular: todos os infortúnios do homem decorrem do fato de ele não estar no devido lugar, e todo o sentido da vida consiste em repatriar o que foi exilado.

Conhecer a volúpia com "uma ninfa maravilhosa" não vale de nada quando se foi expulso de casa.

Lembremos de Karen Blixen em *A fazenda africana*, que disse "eu estava onde devia a mim mesma estar". "Na vertical de si", acrescentaria a campeã de escalada Stéphanie Bodet.

Para um grego, a boa vida se desenrola na pátria de sua própria presença. A *Odisseia* é o poema do retorno a si, em si e para si.

Por que os deuses aceitaram libertar Ulisses, correndo o risco de despertar a ira de Poseidon? Porque Ulisses parece o mais inteligente, o mais astucioso e o mais generoso dos homens. Porque os pretendentes o saquearam e porque os deuses estão cansados do caos. A destruição de Troia está no passado. Agora, todo o Olimpo almeja a paz. Houve loucura demais, ardor demais.

Ulisses parte e nós assistimos ao primeiro naufrágio de uma série de catástrofes. A *Odisseia* é o pior manual de navegação jamais publicado na história da humanidade.

Ulisses naufraga entre os feácios, povo de barqueiros encarregados de manter a união entre homens e deuses: homens-ponte!, os bateaux-mouches do além, só que menos feios. Eles vivem em felicidade, flutuando num entre-lugar. Atena está no comando, para livrar o náufrago Ulisses de perigos. A deusa de olhos de coruja trama um encontro burlesco com Nausícaa, filha do rei feácio Alcínoo. Ulisses se esconde nos arbustos, seminu; ele assusta as acompanhantes de Nausícaa, que saem correndo como os gansos brancos de um convento católico. Mas ele seduz Nausícaa com belas palavras. As palavras seduzem, lembra Homero. Os homens feios bem o sabem, Gainsbourg leu Homero! Assim como uma conversa inverte o curso da luta em Troia, uma conversa salva o náufrago Ulisses.

Ulisses é conduzido ao palácio do rei, que lhe promete auxílio. Ele receberia um barco e seria ajudado a voltar. Alcínoo manda preparar um navio e um banquete para seu hóspede, sem saber quem ele é. Assim eram recebidos os refugiados do Mediterrâneo no mundo antigo. Nos tempos homéricos, o estrangeiro era singular e muito raro.

O trovador do banquete canta a querela de Aquiles e Ulisses. Como assim? A querela de Aquiles e Ulisses? Esse episódio não aparece na *Ilíada*, mas constitui uma passagem crucial da *Odisseia*, pois Ulisses, ao ouvir o aedo, percebe ter entrado para a História. A memória lhe concede sua parte de eternidade. Ulisses quase perdera todas as esperanças com Calipso! Aqui, ele adquire a certeza de ter-se tornado alguma coisa, depois de quase não ser mais ninguém.

O menestrel narra então o episódio do cavalo de Troia. Ulisses, iniciador dessa astúcia de guerra (não mencionada na *Ilíada*), não consegue conter as lágrimas, traindo sua identidade. Se aquele homem chora ao ouvir o relato, é porque deve ser o protagonista! Diga-me por que choras que te direi quem és... Homero revela algo impressionante: nossa identidade estaria em nossas lágrimas. Somos os filhos de nossas tristezas. Vimos Ulisses aos prantos na ilha de Calipso. Agora vemos Ulisses chorar ao afirmar-se a si mesmo. Ele fará o mesmo no colo de Penélope. Há muitas lágrimas na *Odisseia*!

Homero indica que a vida não se resume a uma coleção de alegrias, ela impõe uma luta em várias partes.

Tudo se conquista, nada já está garantido ao homem, nada poderia *universalmente* lhe *caber*. Desmascarado, Ulisses se revela aos feácios:

Sou Ulisses, filho de Laerte, cujas astúcias
são conhecidas em toda parte e cuja glória chega ao céu.
Moro na clara Ítaca.

(*Odisseia*, IX, 19-21.)

Nosso herói diz seu nome, o de seu pai, o de sua pátria.

Uma maneira antiga de se identificar: quem somos, de onde viemos e para onde vamos.

A identidade aqui enunciada consolida a trilogia da origem, da genealogia e da glória (as astúcias "conhecidas em toda parte"). O tempo, o espaço e a ação se articulam.

A pedido do rei feácio, Ulisses começa a narrar sua própria odisseia, de Troia até o antro de Calipso. Homero, nesse momento da *Odisseia*, inventa a literatura, a arte de narrar algo que já aconteceu e que sobrevive na memória dos outros.

O relato tem início e se estende até o canto XIII. A lanterna mágica projeta imagens em que a imaginação rivaliza com a informação.

Ulisses começa pela guerra. É o início do relato:

Longe de Troia, o vento me levou até os cícones;
saqueei Ísmaro e massacrei seus defensores.
(Odisseia, IX, 39-40.)

O vento, sina dos marinheiros, leva o herói de Ítaca a um povo desconhecido. Ulisses não se livra dos reflexos guerreiros. A energia destrutiva de Troia ainda o anima. Ele saqueia e massacra, segundo suas próprias palavras. O húbris ainda não secou? Mas secará, pois a *Odisseia* guarda em si a magia da metamorfose.

REINOS MISTERIOSOS

Ulisses naufraga na ilha dos lotófagos, primeira incursão ao mundo irreal, etapa iniciática na cartografia do imaginário, da qual não sairemos até o retorno a Ítaca. Ulisses entra num interstício de maravilhas, como a nave espacial de *Star Trek* numa dobra espaço-temporal.

Os lotófagos oferecem aos membros da tripulação uma planta, o lotos, "doce como mel". Os marinheiros se deixam levar. A iguaria contém um veneno, pois esvazia o homem de todas as suas energias, anestesia sua vontade, destrói sua consciência. O homem se acostuma então a vagar numa semipresença, agradável, estéril. Retorna a advertência obsedante: não sucumbir ao esquecimento. Alguns pesquisadores tentaram adivinhar a que planta o lotos se referia. Esses cientistas se equivocaram em suas pesquisas, pois o lotos metaforiza as ocasiões em que nos desviamos do essencial. As horas que passamos hipnotizados diante de telas digitais, esquecidos de nossas promessas, perdendo nosso tempo, distraídos de nossos pensamentos, indiferentes a nossos corpos, que se avolumam diante do teclado, são como as horas mortas dos marinheiros de Ulisses na ilha envenenada. Os tentáculos da sociedade digital nos capturam. Eles nos arrancam da profundidade da vida. Bill Gates e Zuckerberg são os novos traficantes de lotos.

Entre os cícones, os marinheiros pecam por excesso. Entre os lotófagos, eles correm o risco de se dissolver no prazer estéril:

Meus homens, tendo provado desse fruto doce como o mel,
não queriam mais voltar para nos trazer informações,
sonhavam apenas em permanecer com aquele povo
e, empanturrados de lotos, esqueciam de voltar...
(*Odisseia*, IX, 94-97.)

Em Troia, o húbris. Aqui, o esquecimento. Entre os dois, o desafio de ser um homem, isto é, de *impedir-se*, como dizia Camus, para melhor se encontrar. Este será o caminho de Ulisses.

A navegação é retomada até a ilha dos ciclopes. Os ciclopes são uma raça de seres monstruosos, "gigantes sem justiça". Não fazem parte dos povos "comedores de pão", isto é, não cultivam a terra. Eles simplesmente coletam as frutas de um reino de abundância:

tudo cresce em suas terras, sem arado e sem semente.
(*Odisseia*, IX, 109.)

Esta é a regra homérica: quando se atraca a uma ilha, buscam-se vestígios de agricultura. Ela indica a presença da civilização, separa os homens dos bárbaros. Na época de Homero, a agricultura da revolução neolítica ainda era uma invenção recente, com apenas alguns milênios... Hesíodo revela em *Os trabalhos e os dias* que "os deuses esconderam os alimentos dos homens". Cabe ao camponês *revelar* o que foi dissimulado. Heidegger compara o poeta ao lavrador, ambos chamados a *produzir* o que paira sem forma à espera de uma epifania.

Um ciclope começa a devorar os marinheiros de Ulisses como se fossem *zakuskis* num restaurante russo. Depois ele aprisiona a tripulação numa caverna: biscoitinhos para mais tarde...

Ulisses engana o carcereiro dizendo que seu nome é "Ninguém", depois o embriaga com vinho, fura seu único olho e foge da caverna dissimulando a tripulação – astúcia de índio Sioux – sob as ovelhas do ciclope. Quando o monstro chama os demais ciclopes em socorro, grita dizendo que o culpado é *ninguém*. A astúcia é genial e Homero inventa com isso o primeiro jogo de palavras da História. Ulisses marca um a zero sobre Jesus, que fazia uso de todas as virtudes, menos as do humor. Ulisses salva o resto dos companheiros, faz-se ao mar, mas comete um erro. Ele não consegue deixar de zombar de sua vítima, agora cega:

Ciclope, se um dia algum mortal
te perguntar sobre tua vergonhosa cegueira,
diz-lhe que a deves a Ulisses, flagelo das cidades,
filho de Laerte e nobre cidadão de Ítaca.
(*Odisseia*, IX, 502-505.)

Aqui, Homero denuncia a vaidade. Ela sem dúvida é um mal menor do que o húbris, mas também é um distúrbio na ordem das coisas.

Por fanfarronada, Ulisses peca e desencadeia a ira de Poseidon, pai do Ciclope. O marinheiro é então perseguido pela fúria do deus. Uma longa sequência de catástrofes (uma via crúcis, diremos alguns séculos mais tarde) marca o destino de Ulisses. A *Odisseia* se torna código moral. Mas o homem sempre tenta se redimir de seus males pelo exercício da virtude e, melhor ainda, da inteligência.

A partir desse momento, multiplicam-se as tragédias e os desastres. Poseidon trama armadilhas. Primeiro, em Eólia. O deus Éolo oferece a Ulisses um presente: um odre de couro que não deve ser aberto, coisa que os homens da tripulação fazem assim que Ulisses adormece. Os ventos presos dentro do odre escapam e uma tempestade encrespa o mar. O homem, animal incorrigível, não consegue deixar de transpor os limites impostos pelos deuses.

BARCOS ÉBRIOS

A seguir, há uma parada entre os gigantes lestrigões, que massacram alguns membros da tripulação, e a fuga para a ilha da feiticeira Circe. Circe é uma amante estranha, uma mulher fatal. Ela transforma os amantes em animais; os companheiros de Ulisses se tornam porcos. Com Circe, os deuses submetem os homens a uma ameaça ainda pior do que o esquecimento: a perda da identidade física. Ulisses escapa graças ao antídoto de Hermes, uma poção que lhe permite "continuar ele mesmo". Os deuses estão sempre ali, prontos para ajudar o "herói persistente". Eles lhe oferecem o antídoto para os perigos que eles mesmos o fazem sofrer.

Ulisses domina Circe, faz com que devolva a forma humana a seus marinheiros, mas passa um ano com a feiticeira, pois afinal de contas seria um grande desperdício passar ao largo de uma ilha onde Greta Garbo toma banho de sol.

Quando seus companheiros o convencem a seguir viagem, Ulisses ouve de Circe que grandes provações o aguardam. Ele precisará visitar os mortos do Hades, primeira descida de Ulisses ao Inferno. O mergulho no mundo das sombras é aterrorizante: tem início com o encontro da mãe morta, que Ulisses em vão tenta abraçar. Os mortos são impalpáveis e os braços apertam o vazio, "os mortos, os pobres mortos têm grandes dores", chorava Baudelaire: eles não podem receber nosso consolo.

Outro espectro se aproxima de Ulisses. É o adivinho Tirésias, que profetiza emboscadas: depois do retorno a Ítaca, Ulisses deverá seguir viagem, partir de novo, descer mais uma vez ao Inferno e realizar um último sacrifício a Poseidon para finalizar de uma vez por todas o remendo da cortina do destino.

Nesses versos se confirma a dimensão sagrada da *Odisseia*. Ulisses expia os próprios erros? Assume os excessos de todos os companheiros? Carrega o peso dos pecados humanos como o estoico crucificado, influenciado pelo pensamento grego, convencendo-se a fazê-lo alguns séculos depois de Homero?

Depois desfilam as sombras, antigas: princesas, titãs, guerreiros mortos. Ele vê Agamenon! E Aquiles, que lhe faz uma terrível confissão: o esplêndido guerreiro teria preferido uma vida doce em vez da glória *post mortem*.

Muitos de nós repetem o mesmo refrão todas as manhãs à frente do espelho: qual o sentido da vida? Adquirir renome ou gozar da tranquilidade? Passar para a posteridade ou passar bons momentos? Ser um anônimo feliz ou um Aquiles no Inferno?

Mas não estamos aqui para obter respostas! Estamos no Inferno, na "sombra da sala"... Os vapores são tóxicos, as aparições inquietantes. Depois do terror, Ulisses volta para o barco e para a ilha de Circe. Que lhe dá novos conselhos antes da partida final. Cuidado com as sereias! Atenção aos escolhos de Caríbdis e Cila! Sempre a mesma cantilena: não se perca, não se disperse, não se esqueça! As ilhas são esparsas, somente a reunião garante a salvação.

SEGUIR AS LINHAS DE VIDA

Primeiro, as sereias. Elas querem desviar o homem de suas convicções, de seu destino, de sua *linha de vida*.

A monstruosidade das sereias não está em sua violência, mas em algo muito pior do que isso! Elas têm *todos* os homens sob vigilância, conhecem a biografia de cada um. Elas rondam, precursoras do Big Brother. Elas nos espiam, prefiguração desse pesadelo em que patinhamos com prazer consentido: o *big data* de nossas vidas, armazenado em nossos aparelhos eletrônicos e arquivado na *nuvem* planetária.

Sabemos tudo o que acontece sobre a terra fecunda...
(Odisseia, XII, 191)

murmuram as sereias. Homero antecipa o que acontece no século XXI: o controle integral graças aos GAFA. Na *Odisseia*, as sereias são pássaros e não criaturas aquáticas, popularizadas por uma tradição errônea. Do céu, as sereias atacam. Do céu, os satélites nos vigiam. A transparência é um veneno.

Ulisses resiste ao encantamento fazendo com que seus marinheiros o amarrem ao mastro do navio. Depois é a vez dos monstros Caríbdis, abismo marinho, e Cila, rochedo monstruoso, que levam seis marujos. Homero inventa representações aterrorizantes da tempestade: como todo grego, ele sabe que o mar é o lar do perigo absoluto. Qualquer pessoa que tenha vivido a iminência do desmantelamento de um barco a ventos de 73 nós não veria nada de mais no fato de um poeta dar à fúria dos mares as características de uma hidra. Quando um marinheiro volta de uma tempestade de força 10 e ouve a história de Caríbdis e Cila, murmura para si mesmo: "Já vi piores".

No episódio final narrado na corte dos feácios, Homero aproveita uma última ocasião para descrever a incapacidade dos homens de se portar com moderação.

A tripulação chega à ilha do Sol, topo da geografia sagrada, território do todo-poderoso Hélios. Simbolicamente, poderíamos ver nisso a metáfora de nossa Terra, regida pelo Sol, fecundada por fótons. Não toquem nas riquezas do astro, avisara Circe. Ulisses transmite a recomendação a seus marinheiros. Seria a maneira antiga de dizer que o homem não deve procurar os tesouros da Terra, saquear seus recursos, obrigá-la a entregar suas graças?

Apesar das recomendações, os homens da tripulação não obedecem e sacrificam os rebanhos do Sol num banquete. Que cansativos, esses humanos! Mais uma vez, não são confiáveis. Tirésias, no entanto, dissera a Ulisses que havia uma maneira de escapar de Hélios:

Se não o tocares e só pensares em tua volta.
(*Odisseia*, XI, 110.)

Sempre o mesmo imperativo, obsessão helênica: não se desviar, portar-se bem, manter a direção. Do episódio do odre de Éolo ao das vacas do Sol, é quando Ulisses adormece que seus homens contrariam seus planos e se comportam como imbecis. O sono simboliza o esquecimento.

"Estejais atentos", dizem os melquitas gregos durante o culto.

Tenha a alma preparada, preconizava Montaigne.

Mantenha-se à espreita, aconselhava Marco Aurélio.

Essas recomendações, clamadas ao longo dos séculos, refletem a ideia de Homero.

Hélios pune os homens da tripulação atirando-os numa tempestade.

É o desastre final, do qual apenas Ulisses consegue escapar. Dez dias depois, ele chega à ilha de Calipso. Voltamos ao início da *Odisseia* e retomamos o fio da história do primeiro canto. O círculo se fecha, o retorno a Ítaca pode começar.

O que aprendemos com esses primeiros cantos da *Odisseia*?

A vida impõe deveres.

É muito importante não ultrapassar os limites do mundo.

Quando precisamos reparar um erro cometido, não devemos nos desviar de nosso caminho ou renegar nossos objetivos.

Por fim, nunca devemos esquecer o indivíduo que somos, nem o lugar de onde viemos e o lugar para onde vamos.

Para Ulisses, a tensão é simples: voltar para a pátria, expulsar os usurpadores. Ele triunfa porque nunca se deixa distrair.

Entre um guerreiro orgulhoso, um porco apaixonado, um comedor de lotos aparvalhado e um morto vagando pelo Inferno, há um ponto em comum: todos infringem uma das regras antigas ao se desviarem de seu eixo.

A partir do canto XIII, a reconquista de Ítaca constitui a segunda parte da *Odisseia*.

Os feácios, fiéis à vocação de embaixadores entre os reinos divinos e a morada dos homens, reconduzem Ulisses às costas de Ítaca. Eles haviam prometido a organização da logística de seu retorno. Depositam-no na praia, adormecido.

Poseidon não satisfaz sua prometida vingança sobre Ulisses – algoz de seu filho –, mas transforma o barco dos feácios num rochedo. A imagem é impactante, wagneriana! Imaginem o barco do castigo como um monumento petrificado, fixo na superfície do mar.

Na Ítaca de hoje, em pleno mar Jônico, uma ilha minúscula bloqueia o canal de comunicação com a baía natural. É difícil não ver nessa ilha a nau da *Odisseia*. Esse barco-pedra é o rochedo que Poseidon coloca entre o mundo dos homens e os planos mágicos. Dessa vez, a entrada é selada. Ulisses voltará a ver os mortos, mais uma vez, depois da reconquista de seu reino, mas não circulará mais por regiões de monstros e feiticeiras. Adeus, magia! É chegado o tempo da razão. Bem-vindo, Ulisses, ao mundo de que tanto sentias falta!

Por ora, ele acorda na praia, a mente enevoada. Ele é novamente atingido pela maldição grega de não saber onde está ou o que busca. Nosso herói não reconhece sua ilha **porque a filha de Zeus o havia envolvido numa névoa, para que ele permanecesse invisível (*Odisseia*, XIII, 189-191).**

Tem início a parte reservada ao retorno do herói. A reconquista da tranquilidade pela violência, a restauração da ordem, a erradicação dos invasores.

O retorno de Ulisses soará então como um adeus ao grande relato de aventuras.

O RETORNO DO REI

Pobre de mim! A que terra cheguei?

(*Odisseia*, XIII, 200)

queixa-se Ulisses. Nada do que é devolvido ao homem é concedido sem provações. Homero insiste: tudo na vida se conquista com brutalidade. Com o suor do rosto, dirão outras Escrituras. "Nada nunca é dado ao homem, nem sua força, nem sua fraqueza, nem seu coração", completará Aragon. Por enquanto, Atena prepara seu favorito para um retorno à altura.

A deusa aparece a Ulisses sob a aparência de um pastor, depois como uma mulher esplêndida, e dissipando o nevoeiro mostra-lhe Ítaca. Ela urde um plano e ajuda Ulisses na reconquista do palácio:

**a teu lado estarei
na hora da ação, e creio que muitos
mancharão o solo de sangue e miolos!**

(*Odisseia*, XIII, 393-396.)

Ulisses *is back*, e haverá violência. Mas a operação se desenvolve com discrição. Ele não volta com todas as pompas, como Agamenon, que encontra a morte como pagamento por sua ostentação. Ulisses é o vingador mascarado, e não o vencedor arrogante. Não esqueçamos os estragos do húbris nos destinos particulares e na virtude pública.

O plano de Atena lembra uma operação de guerra. Chegar cladestinamente, fazer um reconhecimento do local, identificar os inimigos, preparar o terreno, atacar. "*Find, fix and finish*", como dizem hoje os especialistas em combate ao terrorismo. E, para a ação de reconhecimento de terreno, Atena disfarça Ulisses como um mendigo, **para que pareças repulsivo a todos os pretendentes** (*Odisseia*, XIII, 402).

Início das operações: Ulisses vai até a casa de seu antigo criador de porcos, o fiel Eumeu, que guarda seus rebanhos e mantém intacta a afeição por Ulisses. Ele não reconhece seu senhor, mas o recebe dignamente, como um homem deve receber um semelhante. Eumeu não traiu, não esqueceu seu senhor. Por que Homero o chama de *divino*? Porque ele foi fiel, portou-se corretamente com seu semelhante. É o primeiro ser humano encontrado por Ulisses, e sua presença pura, imediata, inaugura o reencontro de nosso herói com o mundo dos homens. Para o poeta antigo, o que está presente, sob a luz real, o que se revela em sua verdade, é o *divino*.

Ulisses se hospeda numa cabana pobre. A batalha pelo "retorno do rei" tem início ali, no patamar mais baixo. Da cabana do criador de porcos até o palácio, o caminho será sangrento. A *Odisseia* é a fábula da reconquista e da restauração. Homero expressa, na cabana, a belíssima aliança do príncipe com o servidor. Por enquanto, o rei Ulisses só tem o apoio de um criador de porcos. Este é o início de seu exército.

Mas sabemos muito bem que ser um *príncipe da vida* não se resume a um título administrativo. Alguns pobres são régios em seus comportamentos. São almas simples e fortes, homens *ordinários*, disse George Orwell. Homero não olha para a humanidade através da triste chave de leitura sociomarxista, que visa reduzir todas as coisas à questão do estatuto econômico. Contentar-se, como instrumento de compreensão do mundo, com a linha que distingue o abastado do desfavorecido, o explorado do explorador, é passar ao largo desses laços internos que ligam Ulisses ao criador de porcos. Ambos, nas duas pontas da escala social, pertencem à mesma categoria aristocrática. Entre os dois estão os pretendentes.

Ulisses e o criador de porcos passam uma bela noite de vigília. Trocam histórias. O ser humano continuará inventando histórias por 2500 anos. Por enquanto, então, o romance. Ulisses fala como um rematado mentiroso. Narra histórias épicas, esconde sua identidade, banca o falastrão.

Um pouco depois, Telêmaco, instruído por Atena, volta de Esparta e vai à casa de Eumeu. Atena mexe os peões, prepara a próxima jogada.

O filho não reconhece o pai no mendigo, assim como não vê Atena.

Pois os deuses não se mostram a todos os olhos
(*Odisseia*, XVI, 161)

lembra Homero. Que verso! Alguns homens veem o maravilhoso, outros não. Homero indica que não somos iguais diante do destino. Alguns são preferidos pelos deuses, outros não. Alguns discernem reflexos cambiantes nos interstícios do maravilhoso. Outros não têm essa visão dupla. Alguns decifram o real, outros se contentam em contemplá-lo.

Por fim, Telêmaco reconhece o pai. As lágrimas escorrem dos olhos do guerreiro de Troia e dos de seu filho. Juntos, eles planejam o restante do plano. Eles decidem se livrar dos **pretendentes cheios de insolência** (*Odisseia*, XVI, 271). Ulisses garante a vitória ao filho e Telêmaco para de tergiversar.

Pai, conheces meu coração no futuro,
imagino: não há mais imprudência em mim.
(*Odisseia*, XVI, 309-310.)

Nesse exato instante ele se torna um adulto, sai do túnel da infância sem precisar de Sigmund Freud.

Por ora, Penélope não deve saber do retorno do marido. Ela só é informada do retorno do filho. Os pretendentes ficam consternados, suas emboscadas deram em nada. Para eles, o céu começa a se turvar. Para um pensamento guiado pela ideia de ordem, chega o dia em que os traidores devem pagar por suas traições.

A RESTAURAÇÃO

Começam as cenas da reconquista. O palácio é o palco da justiça, restabelecida por meio da violência. Vemos os pretendentes, seguros de seus direitos, vulgares, obscenos. Homero descreve a "insolente e enfadonha algazarra". Esse ambiente nos é familiar, não é mesmo? É a imagem universal da ambição e da mediocridade. Eles têm certeza de seus direitos. A algazarra é o eco da vilania e, 2500 anos depois, todos os povos do mundo entendem haver uma relação proporcional entre a nocividade de uma comunidade e o nível sonoro atingido para manifestar o que ela acredita ser seu triunfo.

  Ulisses é zombado por todos os pretendentes, um por um. Ele é maltratado por Antínoo – à frente de todos –, insultado pelas criadas, ultrajado pelos pretendentes, agredido até mesmo por um outro mendigo.

  No mundo mitológico, complexo e imprevisível, a classe não determina o valor do homem. Príncipes e plebeus podem manifestar a mesma mediocridade ou a mesma virtude. O homem não é uma criatura naturalmente humanista e o servo não tem necessariamente o monopólio da inocência, assim como um senhor não tem o da nobreza. O mundo homérico não é essencialista. Ele se assemelha ao real: é transversal.

  Nem mesmo Penélope reconhece seu príncipe sob os trapos. Vinte anos se passaram. Atena é experiente demais nas técnicas de disfarce para que Ulisses seja desmascarado. A fiel Penélope apenas fica comovida que aquele mendigo justamente a lembre do marido. Ela quer acreditar que ele está vivo, enquanto todos os outros esperam que ele esteja morto.

O velho cão Argos reconhece o dono e morre, fulminado. E uma criada que lava os pés do mendigo detecta a cicatriz que seu senhor tinha no pé, causada por um ferimento de caça. Um criador de porcos, um cão, uma criada: Homero lista o modesto corredor de honra ao retorno do senhor. Não importa a condição social daquelas pessoas. Elas triunfarão, porque estão do lado da ordem. E há o gênio romanesco de Homero, que preludia a vitória com o recrutamento de um exército de não soldados.

Penélope é novamente intimada a se pronunciar. Os usurpadores a pressionam! Ela deve escolher um marido entre os pretendentes. O estratagema da tapeçaria foi descoberto. Conhecemos a história, que passou para o patrimônio mundial dos ardis femininos. Por muito tempo, ela disse estar à espera do fim de sua tapeçaria para escolher um marido, mas ela desfazia a tela a cada noite, silenciosamente.

Atena inspira Penélope a propor a prova do arco, em que o vencedor ganhará sua mão:

Ouvi-me, pretendentes ilustres, vós que vos precipitastes,
para beber e comer desenfreadamente, na casa
de um homem ausente há muito tempo, e vós que não podeis
dar outro pretexto a vossas ações
que o desejo de me desposar e me ter por mulher!
Coragem, pretendentes, pois eis vossa prova:
apresento-vos o grande arco de Ulisses.
(Odisseia, XXI, 68-74.)

Aquilo que os pretendentes tomam como a recompensa por sua paciência será o seu fim. O massacre está no arco.

O leitor sabe disso. Ele é instruído pelo poeta, ele está ao lado dos deuses. Os concorrentes devem curvar o arco de Ulisses, atirar uma flecha e fazê-la atravessar os orifícios de doze machados dispostos em linha reta.

Telêmaco começa, mas, a um sinal do pai, sempre irreconhecível, faz algo para fracassar. Os pretendentes erram o tiro, estavam longe de ter força suficiente. Ulisses dá suas últimas instruções, revelando-se a Eumeu. As portas externas são fechadas para fazer do palácio uma ratoeira, as armas são retiradas dos arsenais, o plano é iniciado.

Ulisses pega o arco sob a zombaria dos pretendentes, estica a corda, atira a flecha, vence.

"O arco tem por nome a vida", escreveu Heráclito, "e por obra a morte." O arco é um símbolo filosófico para o homem antigo e ainda é para alguns de nós. Ele é o instrumento de Apolo, o guerreiro. O poeta Orfeu usa uma lira como um arco pacificado... O arco e a lira: um serviu para restaurar a ordem, a outra pode começar a vibrar os cantos. Em Heráclito, o arco simboliza a coexistência dos contrários. Com Ulisses, ele representa o desejo de seguir até o objetivo, nunca se desviar dele e viver vinte anos na energia da tensão. Ulisses não é o homem do eterno retorno, mas do retorno imperioso.

Os pretendentes ficam estupefatos. O mendigo ganha a prova.

Quem pensaria que entre tantos convivas,
único entre tantos, um homem, mesmo vigoroso,
faria recair sobre ele a morte funesta de negro destino?
(*Odisseia*, XXII, 12-14.)

Ulisses tirou os trapos e **alcançou o grande umbral, segurando o arco e a aljava cheia de flechas** (*Odisseia*, XXII, 2-3).

As cenas violentas sempre visitaram, como raios, as longas narrações do poema. A *Odisseia* é uma história marítima cheia de convulsões que convergem para a flecha atirada por Ulisses. Homero acelera, como num filme: ele passa para a ação. O palácio das orgias se torna o palco das execuções. A festa acabou para os pretendentes.

Ulisses e Telêmaco, furiosos, matam um por um os usurpadores, começando por Antínoo, o líder, que leva uma flechada na cabeça.

Homero retoma a arte de descrever a carnificina, iniciada na *Ilíada*. Leitores! Nenhum detalhe nos é poupado. Tirem as crianças da sala! O excesso que havia condenado os homens de Troia parece recomeçar. Cabeças rolam. Homero nos premia com a descrição das torturas infligidas a Melanteu. As criadas são enforcadas.

Terrível se elevava a queixa
das cabeças partidas, e todo o chão fumegava de sangue.
(*Odisseia*, XXII, 308-309.)

Um pretendente, Liodes, abraça os joelhos de Ulisses e pede piedade. Ulisses corta sua cabeça. É preciso, aqui, recomendar aos pais que gostariam de chamar o filho de Ulisses – creio que o nome é bem apreciado – que pensem bem. A piedade está ausente no herói.

Mas trata-se realmente de um retorno do húbris? Homero não descreve a fúria, mas um "gênio da morte". Atenção, justiça rápida não é a mesma coisa que violência demoníaca. A traição é considerada, no pensamento antigo, um dos piores vícios. Ulisses, no fim das contas, não faz mais do que exercer seu direito, com a bênção dos deuses. Nada comparável ao frenesi de Aquiles ou Diomedes.

A DOÇURA DO RECOMEÇO

Depois vem a noite de amor de Ulisses e Penélope. Os anos passam sem alterar a beleza da segunda nem o ardor do primeiro. A *Odisseia* desafia o tempo. Ulisses conta tudo a Penélope. As imagens se sucedem: monstros, feiticeiras, tempestades, descida ao Inferno, canto das sereias, dramas da ilha do Sol. Em poucos versos, os anos de ausência. A situação é burlesca. Será possível imaginar um homem em dívida com a mulher em várias dezenas de anos dando tais desculpas? "Querida, sinto muito, fui atrasado por um ciclope." Nem Feydeau ousaria.

Penélope ouve. Poderia ter sido uma desgraça para Ulisses: sua mulher poderia não ter acreditado! Esse foi um dos pesadelos de Primo Levi ao voltar dos campos de concentração nazistas: que ninguém acreditasse em seus relatos. Essa é a origem da melancolia de Chabert: ao voltar de Eylau tudo está diferente, nada é parecido com o que ele havia perdido. Ulisses volta para um mundo usurpado mas equivalente ao que havia perdido. A história não se acelerou. A restauração foi possível, portanto.

Ulisses não aceitou que o poder mudasse de mão. Ele não era obcecado pelo refrão do século XXI: "O mundo muda! Aceite isso!". No pensamento antigo, ninguém se infligia a penosa constatação formulada por Hannah Arendt: "A degradante obrigação de ser de seu tempo".

A noite com Penélope nos lembra comicamente que a *Odisseia* não passou de uma série de aventuras vividas por homens e fomentadas por mulheres. Elas estavam atrás do cenário do filme. A tapeçaria de Penélope não simbolizaria o fio de nossos destinos, tramados e desfeitos? Atena ajudava Ulisses, Calipso o segurava, Penélope mantinha os usurpadores à distância. Helena foi a causa da Guerra de Troia, as feiticeiras tramavam suas armadilhas, as monstruosas filhas de Poseidon e Gaia, como Caríbdis e Cila, ceifavam marinheiros. O homem pensa que vive suas aventuras. Na verdade, são as mulheres que o manipulam. Elas estariam pouco inspiradas se quisessem ser iguais aos homens, pois são superiores a eles.

Ulisses poderia ter se tornado imortal com Calipso (a que dissimula o tempo), esquecido do tempo com Circe ou com os lotófagos. Ele preferiu voltar à corrida linear dos mortais, à memória. Pois a imortalidade oferecida por Calipso significa o esquecimento, enquanto a noite com Penélope o coloca a cavalo na corrida da vida. Ulisses reencontrou o tempo, Albertine não desapareceu.

Mulher, ambos estamos cansados
de provações; tu esperavas chorando o meu retorno,
e eu, Zeus e os outros deuses me mantinham
em sofrimento, longe da terra de meus sonhos.
Agora que reencontramos nosso leito,
precisarás zelar pelas riquezas que me restam;
para compensar os animais que esses arrogantes me tomaram,
saquearei, e os gregos me darão outros,
até que eu tenha meus estábulos cheios novamente.
Mas primeiro preciso visitar meus campos
para ver meu nobre pai, que se atormenta em minha ausência.
(*Odisseia*, XXIII, 350-360.)

Seu "nobre pai"... O poema chega ao fim, portanto, com essa preocupação fundamental: reatar a filiação. Nenhum homem vem de lugar nenhum. A última missão de Ulisses consiste em aparecer ao próprio pai. Ele reconquista o espaço, a ilha de

Ítaca. Agora precisa reatar com o tempo: sua origem filial. No pensamento antigo, viemos de algum lugar e viemos de alguém. A revelação moderna ainda não havia consagrado o reinado do individualismo, dogma que nos reduz a mônadas autogeradas, sem raízes ou ascendência.

Não há nada mais doce para o homem do que sua pátria ou seus pais

(*Odisseia*, IX, 34-35)

disse Ulisses aos feácios.

Agora, ele realiza seu sonho, reencontra o velho pai.

Não é ao contar-lhe a história das **treze pereiras, dez macieiras e quarenta figueiras** (*Odisseia*, XXIV, 340-341) que Ulisses convence Laerte, ainda desconfiado, de que é de fato seu filho? E não é propondo-lhe o enigma do leito conjugal construído sobre um pé de oliveira que Penélope confirma a identidade de Ulisses?

As árvores são evocadas por Homero como afirmação simbólica da verdade.

O que está plantado não mente.

A ESPERANÇA DA PACIFICAÇÃO

Será um erro pensar que Ulisses reencontra a plenitude? Jankélévitch, em *L'Irreversible et la Nostalgie*, afirma isso. Para o filósofo, Ulisses não fica satisfeito com seu retorno, e as novas aventuras preditas pelo adivinho Tirésias provam uma intranquilidade que nunca poupa o viajante maldito do gosto pela partida!

"Que inquietação é essa que já leva o ilhéu para além da sua ilha e da felicidade burguesa?" Seria este o próprio tormento de Jankélévitch, seu conflito e sua dor, que não se resignava a instalar Ulisses na realização do retorno?

O poema chega ao fim.

Os pretendentes são conduzidos ao Inferno. Atena, seguindo os conselhos de Zeus, abafa uma revolta dos moradores de Ítaca. Vejam só! A guerra estava prestes a recomeçar! A deusa garante a paz. Os deuses só pensam nela e no retorno da ordem, e a *Odisseia* acaba com a concórdia e o restabelecimento dos "tempos de outrora".

Este é o triunfo de Ulisses: restaurar a situação de outrora antes de aplaudir a "que será". As últimas palavras da *Odisseia* são "pacto permanente". Pouco antes, Zeus assoprara aos ouvidos de Atena a seguinte tática para apagar as querelas entre os homens:

Que esqueçam dos irmãos e dos filhos mortos,
que a amizade renasça entre eles como antes,
e que a paz e a abundância venham preenchê-los!
(*Odisseia*, XXIV, 484-486.)

Zeus invoca a instauração da ordem antiga e Homero destaca essa virtude tão benéfica aos indivíduos e às sociedades: o esquecimento.

Quando um homem remói suas tristes paixões, ele se intoxica com a própria melancolia. O mesmo acontece com as comunidades: quando elas se dedicam a viver na ruminação de seus conflitos e exigem arrependimentos constantes, não pode haver harmonia entre os homens.

Depois de um último sacrifício a Poseidon, Ulisses finalmente poderá gozar da felicidade.

Ele conta a Penélope as palavras de Tirésias:

E a morte virá me buscar
fora do mar, uma morte muito doce que me encontrará
enfraquecido pela idade opulenta; o povo a meu redor
estará feliz. Isso foi o que ele me profetizou.
(*Odisseia*, XXIII, 281-284.)

Não veremos esse Ulisses.

Voltamos às praias de Ítaca. Assistimos à mais bela reparação possível: um homem recupera a parte perdida de si mesmo.

A ordem dos antigos dias, desfeita pela arrogância humana, é restaurada por um herói. A afronta à harmonia do mundo pode ser redimida.

Graças a Ulisses são esquecidos os excessos da *Ilíada*, guerra em que os homens arrastaram consigo, em sua raiva, os deuses, o fogo e a água – o cosmos inteiro. Ulisses precisou lutar muito, pois nada é obtido com facilidade neste mundo, nem os bens nem os direitos.

Deveríamos lembrar, para encerrar a *Ilíada* e a *Odisseia*, que as fúrias da guerra não se apagam. Suas brasas são apenas adormecidas. Elas seguem prontas para arder novamente. Não é sensato adormecer sobre os louros da paz.

Como explicar que esse poema de mais de dois milênios pareça ter sido composto anteontem? Charles Péguy formulava assim esse milagre: "Homero é recente, esta manhã, e nada pode ser mais datado do que o jornal de hoje".*

Homero continuará lido daqui a mil anos. Hoje, encontramos no poema coisas que nos ajudam a compreender as mutações que abalam o mundo nesse início de século XXI. As palavras de Aquiles, Heitor e Ulisses são mais iluminadoras do que as análises dos especialistas, técnicos do incompreensível que mascaram sua ignorância com o nevoeiro da complexidade.

Homero, por sua vez, contenta-se em exumar as invariantes da alma.

Mude os capacetes, mude as túnicas, coloque tanques no lugar de cavalos, submarinos no lugar de navios, substitua as muralhas da cidade por arranha-céus espelhados. O resto é igual. O amor e o ódio, o poder e a submissão, a vontade de voltar para casa, a afirmação e o esquecimento, a tentação e a constância, a curiosidade e a coragem. Nada varia sobre a Terra.

Os deuses ganharam novos rostos, os povos estão melhor armados, os homens se multiplicaram, a Terra diminuiu.

Mas todos carregamos em nossos corações uma Ítaca interior que às vezes sonhamos em reconquistar, revisitar, preservar.

E todos somos ameaçados por novos ataques nas planícies de Troia. Troia pode ter todos os nomes possíveis, os deuses continuam à espreita, preparando novos assaltos. Isso não quer dizer que os homens tenham sido amaldiçoados e condenados a lutar. Significa que a história não acabou.

E a leitura de Homero deveria nos incitar a manter a todo custo o "pacto permanente" do fim da *Odisseia*, a fim de não despertar a ira de Aquiles.

Espero que a deusa dos olhos de coruja, as musas e os deuses possam dar bons conselhos e inspirar escolhas justas. É chegada a hora de subir a bordo, navegar para longe ou voltar para casa – evitando as feiticeiras.

---

* *Notes sur M. Bergson et la philosophie bergsonienne*, 1914.

HERÓIS E HOMENS

TIPO E FIGURA

Ao navegar por águas homéricas, as palavras estranhas se multiplicam, belas como flores esquecidas: glória, coragem, bravura, ímpeto, destino, força e honra. Elas ainda não foram proibidas pelos agentes da novilíngua gerencial. Mas isso não deve tardar para acontecer.

De nossas mãos, não da indolência, virá a luz

(*Ilíada*, XV, 741)

diz Homero pela boca de um de seus guerreiros.

Que lugar esses conceitos incongruentes podem almejar numa sociedade do bem-estar individual e da segurança coletiva? Terão sido para sempre guardados nos sótãos escuros?

"As línguas antigas são línguas mortas", ouvimos dizer. Essas palavras também?

Mais do que todas as outras, uma delas parece ter sido esquecida no fundo de uma camada arqueológica: *heroísmo*. Nos poemas, ela predomina.

A *Ilíada* e a *Odisseia* são os cantos da transcendência.

Em meio à vertigem das batalhas, das ondas de lágrimas e ambrosia, dos discursos lançados por cima das muralhas, dos cantos murmurados nas alcovas, dos amores em que os homens se amam com a graça dos deuses e os deuses com o ridículo dos homens, das cavernas cheias de monstros ou das praias cheias de ninfas, eleva-se uma figura imutável: o herói.

Sua força metafísica alimentou a cultura europeia.

Ela continua a irradiar sobre nosso inconsciente coletivo.

Cada época tem seu novo herói, encarregado de personificar os valores do momento.

A figura eterna torna-se um tipo social.

Quem é este homem armado? Ele tem apenas a espada e a astúcia para lutar contra o medo do mundo, a tragédia da vida, a incerteza dos dias. O herói da planície de Troia ainda nos inspira? Ou causa horror? É um estrangeiro, um irmão? Tem algo a ensinar a nós, que trocamos as virtudes antigas pela aspiração ao conforto?

A "prosperidade" e o "conforto": esses são os horizontes prescritos por um novo (e grisalho) herói de nosso tempo, Mark Zuckerberg. O inventor da versão eletrônica do espelho de Narciso (Facebook, chamam-no) brandiu esses dois objetivos de vida durante um discurso aos alunos de Harvard. Poderíamos opor a esse vendedor de bugigangas digitais a análise de Hannah Arendt. Para ela, cada indivíduo pode fazer seu próprio uso do herói homérico. O herói é a referência, o símbolo de uma virtude específica, o padrão que permite medir nossa própria grandeza. Segundo sua inclinação, cada um pode se reconhecer neste ou naquele herói. Os adeptos da força bruta tenderiam para Ajax. Os de nobre ternura para Heitor, os táticos escolheriam Ulisses, os lisonjeadores do amor paterno, Príamo, os espíritos ambíguos e viris, Pátroclo. Quem como eu dedicou uma parte da vida a beber e a outra a subir em telhados se encontraria em Elpenor, que morreu ao cair da escada de Circe depois de abusar do vinho.

Gostamos de nos identificar com os heróis gregos porque nenhum deles é perfeito. A época do Deus monoteísta distante e abstrato não chegou. Estamos na época das divindades falíveis, cativantes, que dançavam na beira de seus próprios abismos.

Os gregos gostam tanto de homenagear o real que até mesmo o divino é cheio de suas falhas! Os deuses não escapam ao olhar crítico de Homero. Afrodite e Atena, por exemplo, são capazes de se puxar os cabelos como duas lavadeiras.

Em meio ao brilho do maravilhoso cintila o limite das coisas.

O que torna a leitura de Homero próxima e amigável.

FORÇA E BELEZA

O herói de Homero se caracteriza pela força. Seu vigor é sua nobreza. Ela lhe permite agir e chegar a seus fins. No mundo homérico, não há ação sem força. Caso contrário, haveria apenas intenções. O herói avança como um animal selvagem, feito para a guerra e o movimento.

Mas a força física herdada de um nascimento elevado ou adquirida pela luta é preciosa demais para ser desperdiçada. No início da *Ilíada*, a ira de Aquiles revela um homem tomado pela cólera a tal ponto que se torna patético. Ele passa dessa ira fomentada pela honra ao excesso. Aquiles não pode almejar ao panteão dos verdadeiros heróis. Por mais que seja um semideus, seu excesso e suas delongas não lhe conferem nenhuma exemplaridade.

Não é raro ver o herói se vangloriar de sua brutalidade, ainda que logo depois dessa autoglorificação ele venha a cair, atingido por uma lança. No mundo antigo, a força cega não é um defeito! Hoje, ela nos causa horror, a moral a reprova, a cultura a despreza, o direito a condena.

Venham, destemidos cavaleiros, troianos magnânimos!
Feri o melhor da multidão dos aqueus e afirmo
que ele não resistirá a meu dardo poderoso, se o nobre
filho de Zeus tiver de fato me conduzido, desde a Lícia, para suas
 margens!

(*Ilíada*, V, 102-105)

berra o filho de Licaonte depois de acertar Diomedes com uma flecha.

E Heitor grita a seguinte bravata a Ajax:

Tenho bastante experiência em combates e massacres!
Pois sei segurar meu couro com a direita e com a esquerda,
meu couro seco, meu resistente escudo de batalha,
e sei lançar-me ao ataque dos carros de rodas rápidas;
sei dançar com passo firme em honra a Ares, o feroz!
(Ilíada, VII, 237-241.)

Além da força, o herói homérico é belo. Sua bravura é proporcional a seu esplendor. Os gregos faziam uma ligação entre a força física, o valor moral e a perfeição dos traços. A expressão *kalos kagathos* indica a criação do vigor pela beleza. O rosto de um homem era o reflexo de sua harmonia interior. Quem era bonito era valoroso, segundo uma lei lógica. Pergunte às panteras, às tigresas, às leoas: elas dirão a mesma coisa.

Heitor acusa Páris de reclamar para enfrentar Menelau em duelo. Sua beleza de efebo não pode mascarar uma impotência.

Vil Páris, valoroso sedutor, loucura das mulheres!
[...]
Os argivos de longas cabeleiras riem,
pois pensavam ver um campeão à frente dessas linhas
ao verem tua beleza, mas não tens nem coração nem coragem!
[...]
De que te servirão tua cítara e os dons de Afrodite,
teus cabelos, tua beleza, quando rolares na poeira?
(Ilíada, III, 39-55.)

ESQUECIMENTO E RENOME

A principal tarefa do herói grego é alcançar o renome. A morte será doce se as gerações se lembrarem de seu nome. Todo grego aceita a ideia de que a vida é absurda: não pedimos para nascer, caminhamos para a morte, vivemos rápido demais. Nesse breve intervalo entre o nada da origem e o abismo do destino, há pouco tempo para uma ação digna de nota, uma boa vida, uma *bela morte*.

A glória é o caminho mais curto para a memória coletiva.

Homero realizou uma parte dos desejos gregos: apesar dos esforços dos *managers* do governo democrático para sabotar as heranças, ainda hoje falamos em Ajax, Diomedes, Aquiles e Menelau. Eles estão conosco. Pela graça do texto, eles não foram esquecidos.

Ah!, que eu não morra sem combate e sem glória,
e realize um feito que se torne conhecido pelos homens que ainda não nasceram

(*Ilíada*, XXII, 304-305)

suplica Heitor antes do duelo com Aquiles. Heitor é o mais humano dos heróis, o mais sensato e o mais preparado a viver uma vida de homem. Heitor teve seu pedido ouvido, pois tenho certeza de que alguns de meus leitores carregam seu nome.

Se a ambição suprema é a memória coletiva, o pavor é o esquecimento. Pouco importa a morte, ela virá. Pouco importa a guerra, ela não pode ser recusada. Pouco importa o sacrifício: todos o aceitam (Helena é o mais nobre exemplo). Pouco importa o sofrimento físico, ele é a sina de todos. O que o grego mais teme é o anonimato. O naufrágio, nas águas do mar, constitui o pior dos fins. Pois o mar suga, lançando sobre o corpo um véu inefável.

O heroísmo grego não se satisfaz com um golpe teatral, ele aspira à eternidade da lembrança. Uma grande façanha sem posteridade seria como um fogo de artifício no vácuo.

Quando Telêmaco encontra Nestor e pede para evocar a memória de Ulisses, seu pai, o velho companheiro de armas lhe dá a chave para uma vida realizada:

E tu, amigo, grande e belo como te vejo,
sê corajoso, para ser glorificado mais tarde!
(*Odisseia*, III, 199-200.)

A própria Penélope sente menos medo de ver o filho morrer do que de vê-lo perecer sem renome:

é meu filho querido que os ventos me tiram,
sem glória, longe daqui.
(*Odisseia*, IV, 727-728.)

Até mesmo Atena se intromete, sacudindo Telêmaco de seu torpor infantil:

Sabes que não se trata mais
de ser criança: essa idade já passou.
Ignoras a glória que Orestes conquistou
no mundo, tendo matado esse assassino,
Egisto, o astucioso, que havia matado seu pai?
(*Odisseia*, I, 296-300.)

Hannah Arendt via no renome – o *kleos* – a possibilidade de os homens ganharem um pouco de divindade gravando seus nomes no frontão da humanidade. As cenas de massacre da *Ilíada*, proezas literárias, teriam um destino infinitamente precioso. Elas ofereceriam às vítimas a possibilidade de escapar à idiotia do presente, ao absurdo de nossa condição, à fragilidade da vida. Uma única regra sob a armadura: ser lembrado enquanto guerreiro.

TORNAR-SE MEMÓRIA

Há um fracasso pior do que desaparecer da História: esquecer-se de si mesmo. Ulisses tenta escapar das criaturas, dos monstros e das feiticeiras que buscam desviá-lo de seu caminho. A *Odisseia* é um tratado sobre a fuga. Ulisses escapa dos braços de Calipso, que o convida a se tornar um deus (ele esqueceria que é um homem), dos lotófagos, que lhe oferecem drogas numa ilha perdida (ele esqueceria que o homem sofre), das sereias enfeitiçantes (ele esqueceria que o homem *se condena*) ou de Circe, que transforma os amantes em animais (ele esqueceria da própria aparência).

Um episódio da *Odisseia* coloca em cena essa projeção da vida terrestre na memória pública. Ulisses é recebido no banquete do rei dos feácios. Sem saber que Ulisses está entre os convivas, um aedo narra o conflito entre o herói e Aquiles. Ulisses ouve sua própria história da boca de um bardo. O mundo grego acaba de inventar a literatura! Pois a literatura consiste em falar dos ausentes. Ulisses passou para a posteridade. Ele atravessou o rio do esquecimento. A memória o acolheu. Ele tem um lugar de direito no cosmos, entre as estrelas e os planetas, imortais de fato.

Mais tarde, os gregos da era clássica encontrarão uma maneira de chegar à imortalidade construindo cidades, cobrindo o mundo de obras de arte, inventando sistemas políticos e leis que eles tencionam perfeitas e, portanto, imperecíveis. Certas tradições asiáticas inventarão mitos de reencarnação para libertar o homem de ser apenas uma sombra efêmera. Depois, as fábulas monoteístas judaicas e cristãs trarão um alívio para a angústia afirmando que qualquer um – mesmo a pessoa menos heroica, e talvez principalmente ela! – pode almejar ao paraíso. "Bem-aventurados os pobres de espírito, porque deles é o reino dos céus." Esse trecho das oito Beatitudes está nos antípodas da doutrina grega do heroísmo.

Em nossas épocas contemporâneas, o herói não se parece mais com Ulisses. Dois mil anos de cristianismo, recentemente convertido em filosofia igualitarista, levaram o fraco aos píncaros da glória, em vez do guerreiro. As sociedades produzem heróis que se assemelham a elas. No Ocidente do século XXI, o migrante ou o pai de família, a vítima ou o necessitado são dignos do pódio. Um aqueu em seu carro de guerra na Paris de 2018 seria preso no ato. Não há nada mais eterno do que o arquétipo do herói. Não há nada mais efêmero do que sua encarnação.

Hannah Arendt, obcecada pela História, isto é, pela inscrição das ações dos homens na carne do tempo, aclama a opção grega num trecho enfático de *A crise da cultura*: "Contudo, se os mortais conseguissem dotar de alguma permanência suas obras, ações e palavras, e retirar-lhes o caráter perecível, então essas coisas poderiam, ao menos em certa medida, penetrar no mundo do que dura para sempre e nele encontrar sua morada, e os próprios mortais encontrariam seu lugar no cosmo, onde tudo é imortal, exceto os homens. A capacidade humana de realizar isso seria a memória".

Essas palavras soam de maneira estranha na época do *imediatismo*. O culto do *presentismo* se situa no exato oposto do desejo de inscrever suas ações na longa duração. O grego antigo não é o homem de Zuckerberg. Ele não quer grudar na superfície do espelho como o inseto no para-brisa do presente. As redes sociais são empresas de desagregação automática da memória. Assim que postada, a imagem é esquecida. O novo minotauro da World Wide Web derrubou o princípio da imperecibilidade. Envaidecidos pela ilusão de aparecer, somos absorvidos pela matriz digital, grande saco estomacal. Nenhum herói grego precisa de um site na internet. Ele prefere agir do que postar.

Esse grego, disposto a saquear para sua glória, nos parece um monstro. No século XX, no mundo ocidental, o heroísmo ainda tinha um valor evangélico. Consistia em dar a vida por alguma coisa diferente de si mesmo. No século XXI, o heroísmo ocidental consiste em divulgar sua fraqueza. Será herói aquele que disser ter padecido dos efeitos da opressão. Ser vítima: a ambição do herói dos dias de hoje!

Tornar-se o melhor de todos era o objetivo do herói de Homero.

Todo mundo é o melhor é a injunção cristã secularizada pelas democracias modernas.

ASTÚCIA E ARTE ORATÓRIA

A força selvagem não é a única característica do herói. Outra virtude se delineia, a *métis*, misto de inteligência e arte oratória. Ulisses repreende Euríalo, jovem príncipe sentado à mesa do banquete feácio:

Então os deuses não concedem todas as qualidades,
beleza, inteligência e eloquência, a um mesmo homem:
este tem, de fato, um rosto medíocre,
mas um deus orna suas palavras de beleza; todos
olham para ele com alegria, ele discorre com segurança
e doce modéstia, brilha na multidão
e, quando passa pela cidade, é admirado como um deus.
Aquele outro, de rosto, é comparável aos imortais,
mas nenhuma graça coroa o que ele diz.
(Odisseia, VIII, 167-175.)

Desembainhar a espada e dizimar as tropas inimigas não é suficiente para fazer um herói. Também é preciso saber exaltar uma assembleia.

Ulisses brilha por sua força muscular e também por sua astúcia. Sua arte do jogo de palavras desfaz armadilhas. Diplomata nato, ele nunca hesita em mentir, disfarçar-se, fazer uso de todos os estratagemas. Obtém seu heroísmo dessa graça em dose dupla, dos músculos e da mente. A ciência do ardil é abençoada pelos deuses em geral e por Atena em particular. Ela tem por Ulisses o afeto de uma mãe amorosa.

Quando Ulisses desembarca em Ítaca e encontra Atena disfarçada de pastor, nosso herói não revela sua identidade. Ele mente como sempre mentiu, "sempre com muita astúcia no espírito". E a deusa é invadida por uma ternura risonha por esse "herói da persistência", mestre na arte da dissimulação:

Velhaco e astucioso seria aquele que te vencesse
em qualquer tipo de astúcia, mesmo que fosse um deus!
Ó esperto, ó sagaz, ó insaciável de ardis,
nem mesmo em tua pátria abandonarás
essa paixão pela mentira e pelas palavras enganadoras?
Ora! Não falemos mais nisso! Pois tu e eu somos
astuciosos: tu, de longe o primeiro dos homens
em conselhos e discursos; eu, famosa entre todos os deuses
por minha sutileza e minha astúcia.

(*Odisseia*, XIII, 291-299.)

CURIOSIDADE DO MUNDO

Ulisses traz ao arsenal do herói uma última virtude: a curiosidade. O *espírito europeu* poderia ser definido como a capacidade de tomar uma decisão no calor do momento.

Os gregos chamavam de *kairos* a arte de aproveitar a ocasião, a hora certa, e de tomar uma decisão clara e consciente. A História guardou o episódio em que os habitantes de Gordium apresentaram a Alexandre, o Grande, um nó impossível de desatar. O rei macedônio desembainhou a espada e, sem hesitar, cortou o nó, dando o mais marcante exemplo de sua capacidade de discernimento.

Além da arte de não hesitar, outra virtude se inscreve no *espírito europeu*. Ela é representada por Ulisses e poderia se chamar: sede de conhecimento. Ulisses não é apenas um navegador competente, um orador paciente, um amante de feiticeiras e um marido fiel. Ele é um explorador que nunca deixa de se embrenhar no mistério. Quando um naufrágio lhe oferece uma ocasião para tanto, ele afasta o véu dos nevoeiros. A *Odisseia* é um tratado sobre a exploração. As ilhas gregas flutuam no mar Egeu com seus tesouros, riquezas, promessas e ameaças. Cada uma é um mundo. A *Odisseia* é a travessia desses mundos.

E esses mundos são perigosos. Os gregos circulavam por arquipélagos de rocha e espuma cheios de terror:

> Pobre de mim! A que terra cheguei?
> Vou encontrar homens brutos, selvagens sem justiça
> ou homens hospitaleiros, tementes aos deuses?
>
> (*Odisseia*, XIII, 200-202)

lamenta-se Ulisses ao chegar a Ítaca.

Podemos apreender essa angústia do *novo*, nós que fazemos do mundo um lugar comum e chamamos a Terra de "nosso planeta", expressão infantil? Podemos compreender o pavor da volta ao mundo sem escalas e dos sonhos de uma humanidade universal? Podemos conceber que cada milha marinha de Ulisses o leve a abrir as portas de uma casa desconhecida e a penetrar em aposentos perigosos?

Mesmo assim, Ulisses nunca hesita em avançar. Ele opõe a curiosidade à novidade. Ele se aventura na ilha dos ciclopes e na ilha de Circe. Quando seus homens pedem que não se afaste da nau atracada na praia, ele pega o gládio de bronze incrustado de prata, passa o arco por cima dos ombros e afirma que irá ver as coisas por si mesmo, por uma necessidade interna.

É verdade que às vezes ele é seguido pela deusa de olhos de coruja ou por Hermes, deus de alta classe que lhe serve de anjo da guarda, mas é incitado sobretudo por seu desejo de conhecer. Ulisses inventa a exploração de que os europeus terão o monopólio.

Mais tarde o espírito de aventura será levado aos confins do mundo por Vasco da Gama, Livingstone, Lévi-Strauss, Jean Rouch, Cousteau, Hermann Buhl, Charcot e Magellan. Inspirado por Ulisses, o homem europeu esquadrinha o mundo. E melhor do que ele! Mas foi Ulisses quem manifestou um interesse por aquilo que era *diferente* dele mesmo. De nossa pequena península nasceram as ciências humanas – etnologia, antropologia, história da arte, filologia. Esses métodos de observação, de descoberta, servem para a compreensão do diferente. O Oriente nunca inventou o "ocidentalismo".

Ulisses abriu caminho num pedaço de pedra.
Restava explorar o restante do mundo.
Ulisses, nosso guia.

OBSTINAÇÃO OU RENÚNCIA

Por fim, o herói sabe renunciar. Nós, pobres mortais ávidos de honrarias e louros, negligenciamos ferozmente um tesouro: a boa vida tranquila, simples, pacata. A que temos diante dos olhos e cujo valor só avaliamos depois de perdida. Quando a possuímos, não a vemos. Quando a perdemos, choramos sua falta.

A vida boa é descrita por Ulisses em alguns versos ao rei feácio:

Acredite em mim, não há vida melhor
do que quando a alegria reina em todo o povo,
quando os convivas do salão ouvem o cantor,
sentados em fila, as mesas repletas diante deles
com carnes e pão, e o criado serve o vinho
nos jarros e o serve em cada copo:
eis o que me parece a mais bela ventura.
(*Odisseia*, IX, 5-11.)

Às vezes, até mesmo o mais absolutista dos heróis reconhece que "nada se compara à vida". "Nada se compara à vida, nada se compara à vida", esse *nada se compara à vida* talvez lembre aos nonagenários um hit de verão que fez sucesso num século passado... Mas antes de ter sido um *sucesso*, essa frase foi pronunciada por Aquiles quando ele ainda se recusava a combater, tomado de fúria:

Nada se compara à vida, nem mesmo os bens que dizem
ter sido empilhados em Troia, na cidade opulenta.
> (*Ilíada*, IX, 401-402.)

Um pouco adiante, o herói acrescenta:

Somente a vida não volta; não podemos recuperá-la
nem reavê-la depois que ela transpôs seu limiar.
> (*Ilíada*, IX, 408-409.)

A *Odisseia* não é o imenso e simplíssimo esforço de um homem que derrubou muralhas, experimentou todos os faustos e viveu todas as aventuras, mas que modestamente preferiria recuperar o valor da vida e envelhecer tranquilamente "o resto de sua idade" no palácio reconquistado? O heroísmo às vezes cansa o herói. Ele deseja voltar para casa.

Os estoicos prescrevem a veneração de cada instante da vida como se este fosse o último. As horas modestas têm peso maior na balança do destino do que os dias esplêndidos passados em conversa com deuses ou empunhando armas.

Infelizmente, somos muitos, você, eu, leitores de Homero, que não compreendem isso: não compreendemos e compreenderemos tarde demais. Precisamos cruzar os mares, tentar o impossível, percorrer todos os caminhos. Depois de superar os obstáculos, percebemos que nosso *bem* estava ali, a nosso alcance. Teríamos sido inteligentes se desejássemos o que já possuíamos. Tarde demais! Perdida, a vida!

Homero evoca esse conflito ao longo dos dois poemas. Ulisses, Aquiles e Heitor são a encarnação do homem dilacerado entre o chamado do mar e o destino do homem do interior. Melhor construir uma lenda para si ou gozar dos pequenos prazeres? Fabrice del Dongo se pergunta isso no início de suas aventuras, às margens do lago de Como. Joseph Kessel resumiu esse debate pela impossibilidade de decidir entre "a inércia e o movimento". Poderíamos formular essa tensão de mil maneiras diferentes: o que buscar? O leito conjugal ou a aventura, as pantufas ou o cavalo de corrida, a mesa de guerra ou a mesa de cabeceira, as cartas náuticas ou as cartas de bridge, o pijama ou a gincana, uma mulher ou as chamas, as crianças comportadas ou os cavalos ariscos?

Para os gregos homéricos, os termos da equação são a boa vida de um lado e o renome do outro.

Andrômaca, a mulher de Heitor, compreende antes de todos que essa escolha é uma questão crucial. Ela suplica a Heitor:

Insensato, teu ardor te perderá! Sem piedade negligencias
teu filho pequeno, e tua esposa dolente,
logo viúva de ti: os aqueus todos juntos
virão te matar em breve.
(*Ilíada*, VI, 407-410.)

Ela pressente a morte do marido. Lembraremos de seu nome porque ele nunca mais sentirá a alegria de abraçar o filho. Quando os guerreiros compreendem a intuição de Andrômaca, já é tarde demais. Ulisses diz a seu criador de porcos ao voltar a Ítaca:

Também já morei feliz entre os homens
em casa opulenta, e também dei esmola muitas vezes
aos vagabundos, sem perguntar seus nomes e suas necessidades;
tive criados aos milhares, e todas essas coisas
pelas quais os homens vivem bem e são chamados de ricos.
Mas Zeus me despojou: sem dúvida assim o quis...
(*Odisseia*, XVII, 419-424.)

E Menelau confessa a Telêmaco, quando o jovem filho de Ulisses vai visitá-lo em busca de conselho:

sofri longamente e perdi uma casa
confortável, com tudo o que ela tinha.
Hoje eu preferiria ter apenas um terço de tudo
isso, e que estivessem vivos os guerreiros que pereceram
na planície de Troia, longe de Argos e de seus cavalos...
(*Odisseia*, IV, 95-99.)

Mas o exemplo mais dilacerante desse remorso existencial vem de Aquiles. Ulisses o encontra no fundo do Inferno e imagina fazer-lhe um elogio ao dizer que sua memória é celebrada.

O espectro de Aquiles, flutuando nos vapores, afirma estar arrependido:

Não tente consolar-me da morte, ó nobre Ulisses!
Eu preferiria estar na terra doméstica de um camponês,
mesmo sem patrimônio e quase sem recursos,
do que reinar aqui entre essas sombras consumidas...
(*Odisseia*, XI, 488-491.)

Heróis, burgueses, anjos, demônios, homens solares e burocratas das sombras, cuidado!, avisa Homero. Não tentem triunfar demais em suas mortes. Para não perderem o que a precedia e não era pouca coisa... a vida!

Corajoso, bonito, esbelto, forte, renomado, disposto a renunciar a uma "vida de café", como dizia Stendhal para falar da vida fácil: este é o herói grego. Talvez ao elevar-se alto demais ele um dia lamente não ter sabido apreciar sua última manhã de primavera. O herói é um homem de intensidade. Sua armadura gloriosa talvez um dia fique banhada em lágrimas.

DEUSES E HOMENS

Homero não se contenta em traçar os contornos dos guerreiros da planície de Troia. As entrelinhas de seu texto delineiam a figura do *homem* grego. O homem antigo é um modelo. Sua figura ainda nos fascina. Há 2500 anos, nas praias do mar Egeu, um punhado de marinheiros e camponeses, maltratados pelo sol, castigados pelas tempestades, arrancando um pouco de vida de rochas descascadas, presentearam a humanidade com um estilo de vida, uma visão de mundo e uma conduta interior insuperáveis.

Dois imperativos morais governavam a vida grega: a hospitalidade e a piedade. Os poemas estão cheios de sacrifícios aos deuses e de cenas de banquete em que o visitante – Ulisses desembarcando entre os feácios ou o rei Príamo em missão junto a seu inimigo mortal – é recebido com honrarias. Num mundo real que serve de espelho ao cosmos, a acolhida do hóspede é uma reverência aos deuses. Em outras épocas, o banquete é o reflexo profano do sacrifício. Seria uma infração à ordem cósmica não honrar os deuses antes de tomar uma decisão, e uma falha de sua própria grandeza não receber o vagabundo que bate à porta do palácio. Em Homero, porém, reina o comedimento: não podemos nos vangloriar das virtudes da acolhida se não possuirmos os meios de assumi-las. Não se deve tomar a expressão das virtudes gregas por intenções abstratas. Nada pode ser pago unicamente com palavras. Quando acolhemos um hóspede – migrante fugindo da batalha ou náufrago das tempestades – precisamos ter algo a oferecer-lhe. Em Homero, a generosidade não se resume a uma propaganda enganosa. Quando o provedor faz propaganda de si mesmo, ele tem os meios de colocar o que diz em prática.

ACEITAR O DESTINO

O homem homérico aceita seu destino, e esta é a menor de suas qualidades. Segundo Aristóteles, cada animal sobre a Terra realiza "sua parte de beleza e de natureza". Da mesma forma, o homem no campo de batalha, em seu jardim, em seu palácio, está ali para viver seu tempo. Há a ordem das coisas, há a parte do homem. O que podemos mudar? A bela Nausícaa, com a sabedoria da adolescência, lembra essa lição a Ulisses:

Estrangeiro, não pareces sem razão ou sem nobreza,
Zeus é o único a dar a felicidade aos homens,
aos nobres e às pessoas de pouco, segundo sua vontade.
Se te atribuiu esses males, precisas suportá-los.
(*Odisseia*, VI, 187-190.)

Mas atenção! Aceitar seu quinhão na vida não quer dizer resignar-se, passivo, aos acasos do destino. Toda a energia de Ulisses não deve ser posta em reencontrar seu lugar na ordem derrubada pela loucura? Ele não se contenta em viver ao sabor das ondas. Este é um dos paradoxos da definição de liberdade em Homero: temos condições de seguir uma via livre numa carta celeste previamente desenhada. Em outras palavras, como o salmão guiado pela necessidade de nadar contra a correnteza, somos livres para nadar na contracorrente de um rio cujo sentido não podemos mudar.

> **Mas ninguém escapa ao destino,
> nenhum mortal, uma vez nascido, nem covarde nem nobre!**
> (*Ilíada*, VI, 488-489)

diz Heitor a Andrômaca. Não há revolta nessa afirmação. O homem luta, se agita, navega na contracorrente dos elementos, combate, mas não pratica a atividade tão cartesiana, tão moderna e tão francesa de culpar seu destino, de buscar culpados para seu próprio fracasso, de se desobrigar de suas responsabilidades e, por fim, de rabiscar um mural com seu pequeno pincel para explicar ao mundo que "é proibido proibir". A capacidade de aceitar o que deve acontecer torna o homem grego mais forte. Forte porque disponível.

CONTENTAR-SE COM O MUNDO

O homem grego se contenta com o real. Homero desenvolve esse axioma. Ele fecunda a filosofia grega. Pensamento forte e simples: a vida é curta, há coisas sob o sol, é preciso experimentá-las, aproveitá-las e venerá-las sem nada esperar do *amanhã*, fábula de charlatão. O *imperium* de contentar-se com o mundo foi sublimemente cantado por Camus, em *Núpcias*. O escritor, sob o sol argelino, aprende, sob "um céu de lágrimas e sol", a "consentir à terra". Sim, a vida para o grego antigo é um contrato de casamento com o mundo. Nós o aceitamos assim que nascemos, para o bem e para o mal.

E se fosse a luz do *Mare Nostrum* – brilhando na Argel de Camus ou nas praias de Ítaca – que nos desse a força de acolher a presença pura do mundo? Maravilhar-se com a luz das ilhas gregas parece um lugar-comum. As agências de viagem elogiaram tanto o bronzeado sobre as pedras brancas que gastaram o assunto. No entanto, a luz levou os antigos a aceitarem seu destino. Ela serve de agente revelador. As coisas se delineiam sob sua chuva branca. Elas se mantêm sob o brilho de Hélios, tangíveis, estabelecidas, irrefutáveis. Um bloco, uma planta, um barco: coisas que não podemos mover nem recusar. E com as quais devemos nos contentar, com paixão. **Tudo é belo no que se desvela** (*Ilíada*, XXII, 73), clama Príamo (parece Heidegger filosofando no topo das muralhas). Ser grego equivaleria a compreender que a luz é um lugar. Nós a habitamos. Mantemo-nos exatamente sob sua verdade, sem precisarmos das brumosas quimeras de um além...

Podemos amar o que a luz nos oferece, usufruir de "nosso quinhão de vida", lutar por nossa causa e esperar a noite sem temê-la, pois cada crepúsculo nos ensina que sua chegada é inexorável. Sob o sol, a vida eterna parece uma ideia obscura de um bedel pálido demais para o ar livre.

NADA ESPERAR

O homem grego não espera o além. Será preciso esperar as revelações monoteístas para brandir diante dele a impostura das promessas.

Albert Camus olhava para o mito da caixa de Pandora em sentido inverso. Pandora abriu a caixa e todos os males escaparam. Menos a esperança. Então a esperança deve ser considerada um mal! Ela seria um insulto ao momento presente!

O homem grego pensa exatamente a mesma coisa. Ele sabe que a vida humana nos é dada. Amemos o que está contido em sua verdade. Não busquemos nada que não aquilo de que podemos dispor hoje. Aceitemos o que nos é oferecido. Os amanhãs não cantarão porque eles não existem. Essa filosofia do contentamento poderia parecer uma desistência. Ao contrário, na ausência de esperança reside uma capacidade de aceitação da presença das coisas. Ou deveríamos dizer uma capacidade de *amor* pela presença presente? Homero glorifica essa imanência numa passagem da *Ilíada*, trecho de bravura poética. Trata-se do canto XVIII, em que Tétis vai pessoalmente procurar Hefesto para pedir-lhe que fabrique novas armas para seu filho Aquiles.

O deus artesão forja um escudo para o guerreiro, um pavês ornamentado com todas as cenas da vida familiar, pastoral, urbana, doméstica e política. Eis que um deus cria uma visão, uma fotografia da vida sobre a Terra. O Google Earth do deus Hefesto. Compreendemos, diante da descrição desse escudo, que todas as riquezas da vida humana estão ali, reunidas num espaço limitado pelas bordas do escudo, nem tão impenetráveis assim. Elas estão à nossa disposição, pedem para ser colhidas por nossas mãos estendidas. Por que esperar um outro mundo se tudo está neste aqui, reunido dentro do perímetro mensurável de um campo ou de uma cidade – próximo, presente, disponível, amigável e conhecido. Aqui e agora. Não é preciso esperar a colheita no além. Mas é preciso ter a inteligência de sabê-lo, a força de querê-lo, a sabedoria de detectá-lo e a modéstia de continuar a desejá-lo. Escutemos a descrição do mundo inscrito no metal pelo deus artesão e não esqueçamos de não esperar nada. Contentemo-nos em permanecer dentro do escudo. Aceitemos o mundo de Hefesto!

Em sentido contrário, a ruptura do homem moderno com a natureza instituiu um mecanismo: quanto mais o mundo se degrada, mais se manifesta a sede de religião abstrata. Nesse início de século XXI, as religiões utópicas conhecem uma renovação que a mídia chama de "retorno do religioso". O homem inventa para si paraísos que o desobrigam de venerar seu substrato. Saqueiem o mundo, irmãos humanos! O paraíso está à espera, setenta virgens redimirão seus pecados!

Ele fabricou, primeiro, um escudo grande e robusto,
cinzelando-o em todos os pontos, e fez uma orla tríplice,
brilhante, e um bálteo, cinto de prata.
Era feito de cinco camadas: sobre a última,
forjou, com seus sábios pensares, mil figuras.
Colocou a terra, o céu e a onda marinha,
o infatigável sol e a luz e sua plenitude,
colocou os astros, todos que coroam o céu,
e a Força de Órion, as Plêiades e as Híades,
a Ursa, constelação do Carro, como outros a chamam,
que olha para Órion e que gira sobre si mesma,
e que é a única privada de banho das águas oceânicas.
Gravou duas cidades povoadas por homens que morrem,

belas cidades! Numa delas celebravam-se casamentos, festas,
tiravam-se de seus quartos, sob a luz das tochas,
os casais do dia – o himeneu ecoava, copioso;
os dançarinos rodopiavam; bem no meio da ronda,
liras e oboés ressoavam! E as mulheres,
imóveis, se maravilhavam à soleira de suas portas.
Na praça, o povo acorria, pois uma disputa
tinha início: dois homens, pelo assassinato de um homem,
contestavam o preço a ser pago; um deles afirmava estar quite
perante o povo, e outro negava ter recebido a soma.
Eles requeriam que um juiz pusesse um fim ao litígio.
E as pessoas gritavam em favor de um ou de outro.
Os arautos continham as pessoas. Os antigos, num círculo
sagrado, mantinham-se sentados em marcos de rocha, pedras lisas,
recebiam o bastão dos arautos de voz sonora.
Eles se apoiavam, se levantavam, pronunciavam sua sentença.
Dois talentos de ouro eram colocados no meio dos dois juízes:
caberiam ao que declarasse as sentenças mais justas.

(*Ilíada*, XVIII, 478-508.)

COMPLEXIFICAR O REAL

Nas descrições de Hefesto, valsam num mesmo movimento os príncipes e os súditos, os camponeses e os cidadãos, as feras e os animais domésticos, a terra e o mar, os guerreiros e os homens de paz. O mundo real está ali, forjado pelo deus, em sua complexidade e na coexistência de seus opostos. A ideia heraclitiana de convívio dos contrários, de onde jorra a vida, vê-se representada na obra do deus artesão.

Heráclito: "Deus é dia-noite, inverno-verão, guerra-paz, saciedade-fome". O homem grego sabe: o mundo se apresenta em sua variedade e é preciso aceitar esse manto de Arlequim. Melhor abraçar tudo do que tentar separar. E reconhecer a difração do mundo, em vez de tentar unificá-lo e, pior ainda, igualar todas as coisas.

Homero aproveita para lembrar as profundas hierarquias das estruturas do mundo vivo. O mundo de Homero não é planificado com esquadro. Nem tudo se equivale sob o céu da Antiguidade. Há os deuses e os homens e os animais e, entre os homens, alguns mais e outros menos dotados, de acordo com a vontade divina. Essa visão é resumida por Aquiles a Príamo, quando o velho pai vem suplicar-lhe a devolução do cadáver do filho Heitor:

Há duas jarras enterradas sob o umbral de Zeus, o Crônida,
presentes funestos ou propícios que ele dá!
Quem recebe uma mistura, da parte de Zeus que alegra o trovão,

encontrará ora o favor e ora a desgraça.
Quem recebe males se tornará miserável.

(*Ilíada*, XXIV, 527-531.)

A sociedade grega é aristocrática. Não se trata de uma aristocracia de título, ela é uma transposição da desigualdade natural ao mundo dos homens. Se Ulisses supera os outros, não é por ser proprietário de uma satrapia insular, mas por se mostrar mais forte, mais inteligente e mais endurecido pela experiência de vinte anos de aventuras. Ao voltar para seu palácio, não é por causa de um ato oficial que ele recupera seus bens, mas graças a seu braço vingador, à ajuda dos deuses e à sua força mental.

SABER CONTER-SE

O escudo de Hefesto é uma peça redonda, com bordas ornadas. Ele contém a vida em seu esplendor, mas está recortado circularmente e sua circunferência serve de limite ao guerreiro. Ele engloba as coisas, conferindo-lhes uma fronteira. O que vale para uma peça de metal vale para o homem. Um grego deve saber conter-se e usufruir do que recebe dentro dos limites de sua disposição natural. Um dia, Apolo intervém secamente para trazer à razão Diomedes, que se enfurece a grandes golpes de lança:

Filho de Tideu, atenção, cuidado: recua! Não penses
que és como os deuses. Não há uma origem comum
aos divinos imortais e aos homens que caminham sobre a terra.
(*Ilíada*, V, 440-442.)

E Homero chama de "terríveis" essas palavras do deus Apolo! A diferença é demarcada, o homem é devolvido a seu lugar e Diomedes recua. Ele ultrapassou a linha, mostraram-lhe seu erro.

O imperativo do comedimento irriga a filosofia grega. E constitui uma das implicações dos poemas. *Nada em excesso*, dizia o pórtico de Delfos. Isso não quer dizer que *não se deve exagerar*. Significa que convém saber parar nos limites do mundo. Toda ultrapassagem levará ao pior. Tudo o que brilha demais, explode ou triunfa irrefletidamente, um dia terá uma consequência desagradável. A *Ilíada* insiste o tempo todo nessa inversão da força. O vencedor um dia será vencido. Os heróis fugirão depois de ganhar.

Os aqueus debandarão depois de se aproximar dos troianos, que, por sua vez, recuarão depois de um ataque bem-sucedido. A força é um pêndulo. Ela vai e vem, de um lado para o outro. E os poderosos de ontem serão os fracos do canto seguinte. Todo deslize precisa ser pago. Às vezes o preço é terrível. Quando o limite é vergonhosamente desconsiderado, o veredito não deixa de vir, absoluto. Lembremos do seguinte verso: **É comum Ares matar aquele que acaba de matar** (*Ilíada*, **XVIII, 309**). Os heróis, a quem certa força é concedida pelos deuses, perecem por utilizá-la sem moderação.

No fim das contas, os males de Aquiles vêm de seu excesso. Descontrole fatal! Assalto final! Veredicto implacável!

O próprio Ulisses precisa carregar seu fardo (sua cruz, diríamos mil anos depois) por ter saqueado Troia e insultado o ciclope.

Esses guerreiros triunfantes que vimos brilhar acabam no *pathos*. Pátroclo perece no auge de seu furor com um golpe de lança nas costas, Heitor cai e seu corpo é conspurcado, Agamenon é assassinado num complô conjugal, Ajax se suicida, Príamo acaba degolado. Hecatombe da justiça imanente! Todos pagam pelo tornado que contribuíram a criar na planície de Troia.

Todos expiam o húbris.

Portanto, existem deuses, heróis e homens. Cada um segue na direção da morte. Ela pode ser mais ou menos gloriosa. Cada um recebe sua parte de vida e sabe mais ou menos se satisfazer com ela. Cada um é mais ou menos livre para dançar sob um céu onde estão inscritos os grandes eixos do destino. Mas ninguém – moradores do Olimpo, camponês pacato ou guerreiro armado – deve esquecer que a vida não é nada sem a moderação da vida.

E todos são postos diante de uma provação: saberão circular sem ultrapassar demais os limites?

OS DEUSES, O DESTINO E A LIBERDADE

A *Ilíada* e a *Odisseia* confrontam o peso do destino à esperança de liberdade.

Quem é o herói de Homero?
O joguete dos deuses ou o senhor da própria vida?
Um marionete ou uma força viva?
"Deus não joga dados", dizia Einstein. Os deuses do Olimpo jogavam, na planície de Troia. Eles também jogavam xadrez e os peões tinham os nomes de Ulisses, Aquiles, Heitor, Menelau e Diomedes, e Agamenon, Príamo e Pátroclo, e ainda Andrômaca e Helena. Como dispunham deles no tabuleiro de suas intrigas! Com que cinismo e com que desenvoltura!

Ó heróis aqueus e troianos, sereis soberanos de vossas vidas? Ou joguetes nas mãos dos moradores do Olimpo, a quem dirigis tantas orações?

Os deuses não pedem que o homem grego se conforme a um dogma. O mundo mitológico não é moral. A virtude não é medida por aquilo que é lícito ou ilícito, como entre os maometanos, pelo que é bom ou mau, como entre os cristãos. Tudo é franco sob o céu antigo: os deuses precisam dos homens para seus assuntos pessoais.

Um terrível verso da *Ilíada* derruba nossas pretensões de fazer qualquer diferença na balança dos deuses. Glauco se dirige a Diomedes:

Tal os tipos de folhas, tais os tipos de homens:
ora caindo ao vento, ora brotando em grande número,
dentro das florestas, quando chega a primavera;
assim também as gerações: uma cresce e a outra se apaga.
(*Ilíada*, VI, 146-149.)

Verso terrível e lúcido!

Um verso anterior à revelação monoteísta, que inverte a equação e coloca o homem no topo do templo da vida. Mas, sob a luz antiga, o homem é uma migalha! A ideia de nossa inconsistência perpassa a filosofia. Pensadores se dedicaram a formular a ideia de nossa vacuidade. Heráclito foi o primeiro, com sua vida enquanto passagem efêmera. O Buda e sua permanência da impermanência. Cioran, autor de *Do inconveniente de ter nascido*. E a famosa frase de Céline: "Era ter nascido que eu não devia". Muitos foram os pensadores que não acreditaram na supremacia do homem. E eis Píndaro, na Pítica VIII, de tons homéricos: "Seres efêmeros! O que cada um de nós é, o que não é? O homem é o sonho de uma sombra".

Como um eco à sentença de Zeus:

Nada merece mais dores do que os homens,
entre todos os seres que vivem e caminham sobre a terra.
(*Ilíada*, XVII, 446-447.)

A única fraternidade de nossa pobre comunidade humana é o sentimento de pertencer a uma raça maldita curvada sob o fardo do destino.

OS DEUSES, OS FRACOS DEUSES

Mas nada de pessimismo! Expulsemos a melancolia.

Há um primeiro consolo nos poemas de Homero. Poderia parecer pequeno. Considero-o crucial: os deuses tampouco escapam aos traçados do destino. Eles padecem os traçados da fortuna.

Seria um erro confundir o destino e a divindade no pensamento mitológico. Os deuses não são os donos do jogo!

O destino não é um deus. O destino simboliza o desígnio cósmico e imanente sobre o qual repousa aquilo que surge no mundo e se oculta nas entrelinhas.

O destino é essa arquitetura do tempo, do espaço, da vida e da morte, marchetaria onde tudo se encaixa, vive, desaparece e se renova. O destino, estação em suspensão perpétua.

Quando os homens rompem a ordem, eles insultam a vida e precisam pagar por sua desmesura. Ulisses vive vinte anos de calvário por ter exercido seu furor em Troia. Aquiles se torna um espectro no Inferno.

Mas e os deuses? Eles também estão submetidos aos acasos do destino? São senhores perfeitos de suas ambições? Precisam respeitar uma ordem suprema? Homero nunca dá uma resposta clara à questão. Ela interessará, mais tarde, aos fiéis das revelações monoteístas, preocupados em fazer a onipotência de um Deus corresponder aos traçados do destino (*o que Deus quiser*, dizem as iluminações dos profetas orientais). Por enquanto, na época homérica, a situação é mais cambiante. Os deuses gregos também veem seus planos contrariados pelos altos e baixos da ação.

Digamos que Zeus, "o altíssimo", "pai dos deuses e dos homens", veja seu filho Sarpedão morrer no campo de batalha, morto pela lança de Pátroclo. Zeus gostaria de salvá-lo, mas Hera o convence a não o deixar fugir de seu destino, **a não o libertar da morte bárbara** (*Ilíada*, XVI, 442). Ela suplica ao marido: "Deixe-o", e Zeus abandona o filho. Mais tarde, um jovem palestino revolucionário, crucificado no monte Gólgota, se voltará em pensamento para o pai, num tom homérico: "Pai, por que me abandonaste?".

Portanto, nem mesmo o próprio Zeus reina totalmente sobre o que acontece. Ele precisa lidar com a fatalidade, a *moira*, a *fortuna*, parte do que se recebe e do que se manifesta. Um sorteio, um destino, uma sina, o lado de uma moeda, o que nos cabe. Homem, animal ou deus, é preciso aceitar.

Embora os deuses persigam seus próprios objetivos, eles não oferecem aos homens um quadro geral do que fazem. Eles não desejam nem nossa salvação nem nossa perdição.

Eles não têm outros objetivos que seus próprios interesses. Se os deuses encarnassem o destino, eles orientariam os acontecimentos para uma ideia superior.

Com frequência encontramos os **deuses sentados em assembleia junto ao Crônida, no terraço de ouro** (*Ilíada*, IV, 1-2), perguntando-se preguiçosamente se precipitariam os homens em guerra:

**Examinemos, de nossa parte, o que acontecerá com isto:
devemos a funesta guerra e o tumulto atroz
encarniçar, ou reforçaremos a amizade dos dois povos?**

(*Ilíada*, IV, 14-16)

pergunta Zeus aos deuses sentados a seu redor. Que cena inacreditável! Então nosso destino é decidido por deuses letárgicos diante de uma bebida fresca, sob um pórtico.

Parecem os gregos do imaginário lugar-comum, entediados jogando cartas em praças de cidades de mármore.

No fim das contas, Zeus desencadeia a Guerra de Troia para agradar a Hera, que queria o fim dos troianos para se vingar da humilhação de Páris ter escolhido Afrodite como a deusa mais bela. Mas Zeus tergiversa ao longo de toda a guerra.

Pois ele precisa satisfazer Tétis e Hera, e uma quer a vitória dos troianos e a outra, dos aqueus. Zeus é o presidente da síntese. As coisas são tão complicadas no Olimpo quanto na terra dos homens, como uma convenção do partido socialista. Olimpo, terrível confusão.

No estado-maior divino reina uma política confusa, cambiante, estratégia do castelo de cartas. As guerras modernas nos acostumaram a ela. Uma dada potência apoia os inimigos de seus inimigos sem se dar conta de que aumentar a desordem do mundo nunca é benéfico para o futuro.

OS DEUSES BELICISTAS

Uma única coisa é certa, os deuses não querem a paz. A guerra é útil aos que reinam. Mais do que isso, eles às vezes apreciam a guerra. Quando as divindades se enfrentam fisicamente (como Atena e Ares), Zeus se alegra:

Seu coração ria consigo mesmo em júbilo.
(Ilíada, XXI, 389.)

Graças à guerra, Zeus distribui seus favores sucessivamente a um ou a outro deus. Em suas mãos, os homens são uma *variável de ajuste* para a estabilidade do Olimpo. Um dia, ele diz a Atena, que se insurge contra seus adiamentos:

**minha filha, paciência! Não falo
com coração violento; quero ser agradável contigo.**
(Ilíada, VIII, 39-40.)

O que quer dizer: vá onde teu ardor te leva, retomarás a luta!

É uma teoria que muitos filósofos – Proudhon, por exemplo – formularam: os poderosos têm interesse em que os homens se desentendam.

Hoje, 2500 anos depois de Troia, alguns "deuses sombrios" continuam agindo para dividir os homens. Eles não se chamam mais Zeus, Apolo, Hera ou Poseidon. Seus nomes são mais profanos, sua aparência não tem formas nem contornos. Mas seus objetivos são equivalentes.

O controle das fontes naturais, o acesso à energia, o poder abstrato das finanças, os movimentos demográficos e a propagação das religiões reveladas não são os novos deuses maus de um Olimpo eterno, para o qual o homem está destinado a se manter em guerra para a glória dos cães raivosos?

Às vezes, esses deuses humanos, demasiado humanos, manipulados pelo destino, parecem quase patéticos em suas táticas, até mesmo ridículos – como quando Hera pede ajuda a Afrodite para enfeitiçar Zeus, e a deusa do amor lhe dá **um cinto bordado que reunia todos os seus encantos** (*Ilíada*, XIV, 215), a ser colocado **na dobra do vestido** (*Ilíada*, XIV, 219). Imaginem, hoje, uma mulher oferecendo à melhor amiga um baby-doll para seduzir o marido.

A consequência das desordens e das fraquezas nas esferas do Olimpo é que os homens se movimentam dolorosamente entre o destino, a confusa vontade dos deuses e suas próprias aspirações.

OS DEUSES INTERVENCIONISTAS

A submissão às Parcas oferece ao homem a ocasião de se eximir de toda responsabilidade.

Como se sentir culpado pelos próprios erros quando se parte do princípio de que as Moiras comandam nossas vidas?

Agamenon se dirige às tropas depois da reconciliação com Aquiles. Sua autodefesa lembra a arenga de um político profissional:

não sou o culpado.
Zeus, e a Moira, e as Erínias cercadas de brumas,
em assembleia, me colocaram no coração a Cegueira feroz,
quando peguei para mim mesmo a parte de Aquiles.
Mas o que eu poderia ter feito? Um deus realiza todas as coisas;
Cegueira, a filha mais velha de Zeus, cega seu mundo,
filha funesta: seus pés delicados nunca caminham
sobre o solo, ela pisa a cabeça dos homens,
causando danos, e sempre prejudica alguém.
(*Ilíada*, XIX, 86-94.)

Um pouco adiante, ele continua a se defender:

Se fiquei cego, foi porque Zeus brincou com minha alma.
(*Ilíada*, XIX, 137.)

Lembremos do slogan ministerial da década de 1990, tão de acordo com a mediocridade dos arrivistas: "Responsável, mas não culpado". Os indiciados devem ter se inspirado no rei aqueu para polir seu oximoro. Não deveríamos ter esses hipócritas como modelos de virtude grega.

É verdade que nem todos os heróis se refugiam atrás da desculpa de vontades externas. Alguns assumem o que fazem. E o herói homérico talvez seja justamente aquele que aceita seu destino, reivindica seu objetivo, aceita sua responsabilidade e assume seus atos.

Os poemas de Homero esclarecem o mistério da intervenção dos deuses nos assuntos humanos. Os gregos acreditavam em seus mitos?, perguntou-se Paul Veyne. Poderíamos inverter a pergunta: os deuses pensavam controlar os homens? Quando os deuses se misturam ao mundo dos mortais, sua intervenção assume diversas formas: ela inspira suas ações, ela os guia, revela e às vezes manipula.

Os deuses espalham sua força destilando no organismo dos soldados um vigor mágico, invisível, um bálsamo. Para que os guerreiros avancem cercados por uma aura. O elixir corre em suas veias e centuplica suas forças. Eles não são deuses, eles valem mais do que máquinas, eles não são mais homens. Eles são *habitados* por um deus.

Em termos modernos, chamaríamos essa circulação do poder dos deuses no homem de "um momento de graça, uma inspiração". Em linguagem militar, seria "a moral das tropas".

Sabemos como os cantos patrióticos inflamam os povos. Durante o Primeiro Império, a simples presença física de Napoleão no campo de batalha sacudia o torpor dos desanimados.

Na *Ilíada*, não é Napoleão Bonaparte, mas Atena, quem diz a Diomedes:

Coragem, Diomedes, enfrenta a massa troiana.
Insuflo em teu coração a viril coragem paterna.

(***Ilíada***, V, 124-125.)

Homero descreve então a transformação fisiológica do guerreiro.

Antes ele já tinha grande vontade de batalha,
mas sua força agora fora triplicada: como um formidável leão,
que o pastor, guardando seu rebanho de ovelhas lanosas,
feriu ao ultrapassar a cerca, sem abatê-lo;
longe de afastar a fera, ele apenas aumenta sua força;
pois ele se encerra em sua tenda – as ovelhas se apavoram,
se comprimem no solo umas contra as outras –
depois, furioso, num salto, ele abandona a cerca profunda:
com o mesmo furor, Diomedes atacava o adversário.
(Ilíada, V, 135-143.)

O deus desce até o homem. Uma transubstanciação se opera. O fluido divino irriga o guerreiro, eleva-o acima de seus semelhantes.

Às vezes, na vida profana, vemos homens movidos por uma força que não lhes pertence. Como o aviador perdido nos Andes que volta à civilização a pé pela montanha: "O que fiz, nenhum animal do mundo teria feito". Os deuses talvez tenham insuflado sua força em Guillaumet. Em *A cartuxa de Parma*, Stendhal descreve Fabrice no momento da fuga "como que impulsionado por uma força sobrenatural". Ela o faz cruzar muralhas e precipícios.

Outra ilustração homérica dessa transfusão: um dia, Poseidon decide encorajar os aqueus e, surgindo do mar, atinge os dois Ajax com seu bastão, como num toque de varinha mágica. Um dos dois guerreiros confidencia:

Noto também, em minha lança, que minhas temíveis mãos
estão trêmulas, sinto o vigor subir, e ardem-me
os dois pés; mesmo sozinho, quero
enfrentar Heitor Priâmida, insaciável de guerra.

Tais eram as palavras que um e outro trocavam,
no radiante ardor que um deus colocava em suas almas.
(*Ilíada*, XIII, 77-82.)

E os dois Ajax se veem subitamente aumentados pelos deuses (a velha quimera do "homem aumentado", impostura tecnoide de nossos tempos, data da mais profunda antiguidade). Esse favor dos deuses, reservado a certos homens, desagrada outros, os pobres abandonados que não ganham nada.

Muitas vezes, na *Ilíada*, ouvimos essa recriminação. Menelau critica Heitor por ter sido dopado com hormônios divinos:

Quando um mortal, a despeito do destino, decide combater outro,
favorecido pelos deuses, sobrevém o desastre.
Não creio que um dânao, se me observar, me queira mal,
se eu me esquivar de Heitor, pois um deus lhe confere seu valor.
(*Ilíada*, XVII, 98-101.)

Trata-se de uma crítica crucial. O homem ainda é um herói depois de receber a ajuda de um deus?

OS DEUSES E A AÇÃO DIRETA

Às vezes os deuses não se contentam em verter no organismo humano algumas gotas de elixir! Eles participam do combate, convidam-se para o real, manifestam-se com uma ação.

Devemos falar de um *milagre*, como quando a Virgem Maria aparece numa gruta dos Pirineus? Não! Porque para os gregos do século VIII, o convívio dos deuses com os homens não se deve ao sobrenatural, mas a uma descida comum dos habitantes do Olimpo ao pequeno teatro humano.

Aqui, um deus desvia uma flecha, ali, uma deusa guia a trajetória de uma lança; depois, Atena se transforma em pássaro; mais adiante, ela se mantém na popa do barco de Telêmaco. Aquiles é contido por Atena ao se enfurecer a ponto de querer matar Agamenon.

Apolo protege Heitor com um denso nevoeiro em que a lança de Aquiles se perde quatro vezes. Príamo chega a Aquiles graças à intervenção de Hermes.

Algumas vezes, os próprios deuses combatem, participando da disputa e chegando a imitar as discussões dos homens, mostrando com isso não serem entidades perfeitas, poupadas pela ira.

Os deuses estão a tal ponto misturados à nossa existência que às vezes deixam evaporar o nevoeiro que os subtrai a nossos olhares. O maravilhoso é banal no mundo mitológico.

Entre os deuses, alguns aparecem na forma humana, como Poseidon disfarçado de adivinho no canto XIII da *Ilíada*. Outros brilham na sua forma divina como Atena, que toca os cabelos de Aquiles no canto I. É preciso dizer que nem todos os homens veem a aparição, pois **os deuses não se revelam a todos os olhos** (*Odisseia*, XVI, 161), como lembra Homero quando Atena aparece a Ulisses sem que Telêmaco a reconheça.

Atena, ora disfarçada de Dêifobo para incitar Heitor ou de Mentor para encorajar Telêmaco, ora voando como uma andorinha no palácio de Ulisses, a deusa de olhos deslumbrantes, a deusa de olhos de coruja, é quem mais utiliza a ciência na arte da transformação.

E se os deuses não passassem da transposição de nossos sentimentos, da encarnação de nossas expressões ou, em termos mais acadêmicos, da objetivação de nossos estados internos numa presença simbólica?

Esses reflexos psicológicos têm o nome de Afrodite quando se trata de sedução, Ares quando estamos furiosos, Atena quando é preciso astúcia, Apolo quando a febre marcial nos invade. E quando Atena impede Aquiles de matar Agamenon, não seria uma metáfora do conflito interior? Essa teoria da personificação divina de nossos humores serviu de combustível para a teoria psicanalítica, sobre a qual Henry Miller dizia, com seu habitual senso de sutileza, não ser mais do que a *aplicação dos mitos gregos sobre os órgãos genitais.*

HOMENS: FANTOCHES OU SOBERANOS?

E nós, os homens, somos livres ou manipulados?
As Parcas representam as fadas que desenredam, tecem, cortam a trama do destino, ao qual até mesmo os deuses estão submetidos. Que tipo de movimento temos a nosso dispor, se nossas vidas se desenrolam numa tela já delineada?
Homero esclarece a questão.
Os homens sabem: os deuses dispõem de suas pessoas. Príamo consola Helena no começo da *Ilíada*:

não és culpada de nada: os deuses são, a meu ver, responsáveis, enviaram-me a guerra dos aqueus, nau de lágrimas!
(Ilíada, III, 164-165.)

Mais adiante, o mesmo Príamo convida seus guerreiros ao repouso e diz:

mais tarde retomaremos o combate, até que algum deus decida, dando a vitória a uns ou a outros.
(Ilíada, VII, 377-378.)

Se Ulisses escapa do feitiço de Calipso, é porque os deuses querem.
Zeus diz à assembleia, na abertura da *Odisseia*:

Tratemos todos de seu retorno.
E de como trazê-lo de volta.

(*Odisseia*, I, 76-77.)

O retorno de Ulisses, portanto, é um retorno *autorizado* pelos deuses e não uma vitória do herói sobre seu destino.

O que acontece na vida dos homens se resume ao que é concedido pelos deuses. Heitor vai inclusive mais longe nessa submissão à promessa do destino. Antes de se juntar ao combate, ele se despede de Andrômaca, sabe que não verá o filho crescer e deixa escapar a seguinte frase:

**Mas ninguém escapa ao destino,
nenhum mortal, uma vez nascido, nem covarde nem nobre!**

(*Ilíada*, VI, 488-489.)

Mas, então? Seríamos para sempre escravos do quadro traçado para nós por forças superiores? Qual o lugar ocupado por nossas próprias decisões? Homero sugere um intervalo de ação deixado aos pobres homens, quando Aquiles diz:

**Contudo, quero
levar aos troianos a aversão pela guerra.
E, gritando, lançou para a frente seus cavalos velozes.**

(*Ilíada*, XIX, 422-424.)

Então podemos tecer estratégias!
Há um furo na fatalidade. Existe uma falha na onipotência dos deuses, pois o homem antigo pode dobrá-los! **Os próprios deuses se deixam dobrar** (*Ilíada*, IX, 497), diz Fênix a Aquiles para convencê-lo a voltar à luta,

**eles que têm mais honra, mais valor e força.
Esses imortais, pelo sacrifício e pela oferenda votiva,**

pela fumaça e pelo vinho, têm as almas dobradas pelos homens, quando estes imploram sua ajuda por causa de algum pecado, algum erro.

(*Ilíada*, IX, 498-501.)

Tudo pode ser negociado no Olimpo!

A liberdade do homem consiste em aceitar com mais ou menos intensidade o que foi escrito para ele. Este é o cerne do pensamento homérico: a liberdade não consiste em decidir o próprio destino, mas em aceitá-lo, em primeiro lugar, depois em recebê-lo com mais ou menos energia, em entregar-se a ele com mais ou menos graça.

O herói grego tem a liberdade de se comportar com dignidade em seu parêntese de vida, expressando da melhor maneira possível seu saber viver e seu saber morrer. Portanto, podemos gozar de certo espaço no quadro já traçado do destino...

Em suma, viver equivale a seguir em frente, cantando, em direção a uma sina.

A DUPLA CAUSALIDADE DA VIDA

Essa tensão entre o destino e o livre-arbítrio se assemelha a uma dupla causalidade.

Em Homero, os homens recebem o auxílio dos deuses mas conservam "ao mesmo tempo" uma certa liberdade, pois eles podem se precipitar com mais ou menos entusiasmo na direção do destino e, às vezes, empreender alguma manobra.

Os deuses conduzem a dança. Eles sabem disso.
Podemos dobrá-los. Eles também sabem disso.
O destino foi escrito, mas há um intervalo entre suas linhas.
Em suma, podemos inserir algumas peças na marchetaria do destino. Prova disso são as palavras pronunciadas pelo coro do exército na planície de Troia.

E cada um dizia, olhando para o amplo céu:
Zeus, nosso Pai que reina sobre o Ida, altíssimo e nobilíssimo,
conceda que Ajax vença e obtenha a glória esplendorosa!
Se estimas Heitor, se sua salvação for importante,
dê-lhes partes iguais de força e de aplauso.
(*Ilíada*, VII, 201-205.)

"Partes iguais", palavras essenciais. Tudo é possível e a liberdade humana decide, em última instância, o resultado das coisas. Os homens podem ao menos se consolar com essa ilusão...

Aquiles é a perfeita encarnação da dupla causalidade entre o destino e a liberdade. Ele sabe que vai morrer. Sua mãe o predisse a ele. Ele sabe que sua sina é encontrar a morte naquelas paragens.

No entanto, ele tem escolhas. Poderia pegar o seu barco e voltar para casa. Ele renuncia ao combate até a morte de Pátroclo. Depois, corre em sua direção.

Aquiles sabe que morrerá matando Heitor, pois Tétis lhe disse isso, e mesmo assim ele se precipita para a luta, espalha loucura, semeia desolação. Os deuses tentam detê-lo, ele acaba como uma sombra atirada no Inferno.

Temos um herói, portanto, cujo desejo é seguir o próprio destino. Segui-lo *apesar de tudo* e segui-lo *mesmo assim*.

A liberdade consiste em colocar-se a caminho do inelutável. A aceitação como expressão da liberdade pode parecer lúgubre para nós, nômades modernos. Ela é incompatível com nosso psiquismo, que glorifica a autonomia individual.

Mas é uma ideia belíssima. Pois, no fim das contas, morreremos. Não sabemos nem o dia nem a hora, mas sabemos que o véu cairá. Isso deveria nos impedir de entrar na dança?

A CONCLUSÃO DOS DEUSES

No início da *Odisseia*, Zeus toma a palavra diante da assembleia dos deuses. Ele condena Egisto, o assassino de Agamenon, morto por Orestes por vingança filial. Zeus, em algumas frases, traça a equação das partes de destino e liberdade concedidas aos homens.

Infelizmente, vejam como os mortais julgam os deuses!
De nós viriam todos os seus infortúnios, ao passo que eles mesmos,
por seu próprio furor contra o destino, os atraem,
como Egisto ao ultrajar o destino tomando do Átrida
a legítima esposa, e matando-o a seu retorno,
sabendo a morte que o esperava, pois havíamos avisado
por meio do vigia certeiro, Hermes,
que não o matasse, que não procurasse sua mulher!
Pois Orestes iria fazê-lo pagar o preço
assim que tivesse crescido e desejasse sua pátria...
Assim o avisou Hermes, bondoso, sem convencer
as entranhas de Egisto: e agora, que preço ele pagou!
Atena, de olhos brilhantes, respondeu:
...
quando penso em Ulisses, meu coração se parte:
desafortunado! Há muito tempo ele sofre longe dos seus
...
Não será o mesmo Ulisses
que outrora te agradava, fazendo oblações perto dos navios gregos
na planície de Troia?

(*Odisseia*, I, 32-62.)

Em suma, se parafraseássemos Zeus (sejamos modestos!) numa língua menos olímpica, o homem parece ter poder de escolha.

O homem sempre acusa os deuses – é cômodo para ele. Ele poderia escolher o próprio caminho, mas prefere se esquivar.

O homem às vezes recebe o auxílio de um deus que lhe inspira o caminho a seguir – como Hermes faz.

Mas seu *excesso* o perde. No entanto, ele está livre para se refrear. É vítima de si mesmo, não o joguete de um deus intratável. E agora precisa pagar o preço de seus descontroles.

Mas existe uma solução para esse mal: o discernimento, a busca da boa vida, o equilíbrio e o comedimento (não matar, não cobiçar outras mulheres, lembra Zeus, com palavras semelhantes aos mandamentos de um decálogo posterior!).

Atena intervém: é a Ulisses que cabe responder à grande questão da vida restaurada. Transportemo-nos para as muralhas de Elsinor, na Dinamarca. Hamlet passeia seu pobre corpo. *"The time is out of joint, I was born to set it right!"* ("O tempo saiu dos eixos, nasci para restaurá-lo!") Esta é a missão de Ulisses.

Ulisses combina com a descrição do homem por Zeus. Ele atrai para si a raiva de um deus – Poseidon, no caso. E precisa pagar por seu erro passando por várias ciladas. A *Odisseia* será sua remissão. No fim do caminho, talvez encontre a recompensa.

Por enquanto o objetivo em vista é seu palácio saqueado pelos pretendentes.

Somente Ulisses conseguirá reparar o que ele mesmo desfez.

Somente Ulisses apagará as próprias ofensas.

Somente Ulisses *restaurará* o mundo.

Somente "Ulisses, o persistente" será digno da liberdade que ele desonrou ao fazer uso dela.

Agora, ele está livre para tentar ser livre.

NOSSA MÃE, A GUERRA

"Nada é mais natural ao homem do que matar." Essa frase, soluço de um deus caindo do alto do Olimpo, é de Simone Weil. A filósofa chamava a *Ilíada* de "o poema da força".

Poderíamos responder-lhe que outros temas também aparecem: compaixão, suavidade, amizade, nostalgia, lealdade, amor.

Mas Simone Weil escreveu o texto sobre a *Ilíada* nos anos 1939-1940, em plena invasão nacional-socialista. O eco dos coturnos pelas avenidas da Europa enchia qualquer leitura de pavor.

Sua sensação nos revela uma certeza (Homero não discordaria): a guerra é nossa grande questão. Talvez a mais antiga e a mais eterna. Quando a julgamos adormecida, ela desperta. Suas brasas seguem acesas sob as cinzas da paz. Pensar uma deflagração mundial como "a última" talvez seja o desejo de todos os recrutas embarcados para o front, que tomam sua esperança por uma certeza e erram por não terem lido o suficiente as indicações de Homero.

OS HOMENS NÃO QUEREM A GUERRA!

No início da *Ilíada*, os homens não querem a guerra. Depois de nove anos de batalha, os aqueus, vindos do mar, querem voltar para casa.

Como para qualquer exército longe de suas bases, a passagem do tempo arrefece seu ardor.

Os homens sonham com seus lares.

Não há nada mais nostálgico do que a noite para um soldado. Napoleão sabia disso e tentava preparar suas batalhas consultando os sonhos de seus homens nas tendas.

Até mesmo Agamenon, o Átrida, admite: a expedição a Troia é um fracasso e é preciso pensar em voltar. Os primeiros versos da *Ilíada* já contêm as aspirações do rei aqueu de reencontrar a pátria.

Nove anos se passaram, nove anos do imenso Crônida,
e a madeira de nossas naus apodrece, os cordames se rompem.
Nossas esposas, com certeza, e nossos filhos pequenos
ficam sentados à espreita nos palácios. Uma obra impossível,
fora de nosso alcance, nos fez vir para estas praias.
Visto que ordenei, obedeçamos todos a minha ordem:
fujamos daqui em nossos barcos para o doce país de nossos pais.
Não esperemos mais tomar Troia, a cidade de largas ruas.

(*Ilíada*, II, 134-141.)

Esses são os primeiros cantos. No entanto, apesar da esperança de pacificação, o sangue logo correrá, o choque das armas de metal será encoberto pelos gritos dos guerreiros.

Por ora, a humanidade, menos desenvolta do que os deuses, ainda tenta evitar o massacre.

A via diplomática tenta se fazer ouvir.

A retórica artificial dos acordos diplomáticos não é o mais seguro sinal de prenúncio da guerra? Quanto mais os embaixadores se preocupam com cortesias, mais a tragédia se anuncia...

Nesses primeiros cantos, estamos na época das tratativas.

Heitor pressiona o irmão Páris a lutar em duelo contra Menelau. O ganhador levaria Helena e os dois exércitos poderiam voltar para seus campos. Mais tarde, ele ainda tenta metamorfosear a inelutável guerra num pugilato entre dois combatentes. Ele sabe e sente que

**Zeus de jugo supremo não cumpriu suas promessas,
ele reserva terríveis desígnios a uns e a outros,
até que tomeis Ílios, cidadela sólida,
ou que sucumbais perto dos barcos sulcadores de ondas.**
(*Ilíada*, VII, 69-72.)

Para evitar isso, ele propõe que um grego venha desafiá-lo.

Essa solução pacifista é um sonho imemorial dos homens: transformar a guerra das massas num duelo de líderes. Assim, os poderosos desfariam o gigantismo do conflito enfrentando-se no ringue. Cada adversário carregaria o fardo de representar os milhões de almas de seu povo. Seria um duelo de titãs investidos de um poder de representação.

Este é o princípio do golpe contemporâneo: os príncipes e os presidentes se eliminam nos palácios, alguns Judas são presos, a massa permanece estável.

Imaginem os litros de sangue que teriam sido poupados se Alexandre e Napoleão tivessem lutado ao amanhecer, acompanhados de seus padrinhos de duelo? Se o Kaiser e Clemenceau tivessem se enfrentado no Champ-de-Mars?

E se, hoje, o sultão Erdogan desafiasse a chanceler Merkel para uma luta? Para os aqueus, a solução do duelo é um desejo impossível, um sonho, uma doce ilusão. Pois os deuses estão à espreita, ávidos de sangue humano.

Enfim, o louro Menelau poderia desafiar o belo Páris. Isso decidiria o destino de Helena.

Não faltaria empenho ao combate! O cineasta Christopher Nolan o representaria numa grande cena.

As intenções dos homens no início da *Ilíada* não são louváveis? Os homens estão cansados da guerra. Logo descobriremos que os deuses acabarão ficando cansados dos homens.

A *Ilíada* e a *Odisseia* são tentativas de escapar ao desânimo.

NOSSA MÃE, A GUERRA

Agamenon expõe os grandes princípios do duelo:

Se Alexandre vier a matar Menelau na luta,
que fique com Helena e todos os seus tesouros.
Nós pegaremos os barcos sulcadores de ondas,
voltando a Argos e aos belos cavalos, à Acaia rica em mulheres!
Se o louro Menelau matar Alexandre em combate,
que os troianos a devolvam e todos os tesouros com ela.
(*Ilíada*, III, 281-285.)

Essa solução pouparia tanto derramamento de sangue! Mas não devemos esquecer que os deuses são belicistas. Com um estratagema um tanto grosseiro, eles rompem o pacto entre os homens.

Mais tarde, a cada vez que assistimos a choques entre os exércitos, um deus está em ação, escondido atrás das tropas, incitando os ânimos, encorajando a luta. Zeus os "levava a combater" diz Homero sem tergiversar, para descrever um assalto troiano conduzido por Heitor. Que revelação!

Zeus os levava a combater.
Eles seguiam, igualando a borrasca dos ventos temíveis,
que, sob o trovão de Zeus, nosso Pai, se abate sobre a planície,
num estrondo divino se mesclando às águas – inúmeras
ondas tumultuosas do mar tonitruante,

com cristas de espuma cruzando pela frente e por trás;
assim as tropas troianas, agrupadas pela frente e por trás,
resplandecentes de bronze, marchavam seguindo os príncipes.
(*Ilíada*, XIII, 794-801.)

Minha mãe cantava-me uma canção soviética durante a Guerra Fria: *Os russos não querem a guerra.*

Os deuses não são russos, eles amam a guerra, eles a desejam. Eles levam os homens a travá-la. Eles dividem para reinar.

Há males que vêm para o bem, dirá mais tarde o provérbio popular.

As grandes divindades – olímpicas ontem, políticas hoje – prosperam sobre os escombros. As ruínas são sua terra fértil. Seria inconveniente dizer que certas oligarquias petrolíferas obtêm da desordem coletiva do Oriente um ganho privado?

Uma vez iniciada pelos deuses, a guerra se desencadeia e se torna uma entidade que ninguém pode deter. Uma força viva.

Homens! A violência que dorme dentro deles não deve ser libertada.

Pois um furor que nada pode apaziguar é despertado. A guerra se metamorfoseia em monstro autônomo.

Poderíamos inverter a tese de Simone Weil. A *Ilíada* sem dúvida é o poema da força, mas também o da fraqueza.

Pois a força em marcha na *Ilíada*, o choque dos gládios e o confronto das tropas escondem uma pobreza... a fraqueza do homem diante dos deuses que o levam à guerra. A covardia do homem incapaz de escapar a seu destino guerreiro, inapto para se dedicar à boa vida, condenado a rumar para o desastre. Como contradizer Heráclito: "O conflito é o pai de todas as coisas". O Imperador, citado por Balzac em seu *Tratado dos excitantes modernos*, completava: "A guerra é um estado natural".

A única chance que o homem tem de se salvar é através do heroísmo. A guerra nada mais é do que a tela de fundo banal do valor individual.

Indivíduos avançam no campo de batalha e agarram a oportunidade de se distinguir. O duelo, a aristia (por *aristia*, entenda-se o catálogo pessoal de façanhas), a exortação, o discurso, o ato desesperado e a precipitação selvagem são altos feitos de valor pessoal que Homero nunca deixa de descrever.

O pensamento aristocrático antigo busca a ocasião de fazer brilhar a virtude, sobretudo durante um confronto em batalha. "A verdadeira honra da Grécia é a vitória da qualidade, da inteligência, da coragem, do belo e do nobre", escreve Michel Déon em *Le Balcon de Spetsai*.

A INEVITABILIDADE DO COMBATE

Os homens não têm saída, precisam combater. A *Ilíada* parece o poema da predestinação. Para Homero, as sociedades humanas sempre recorrem ao enfrentamento ao se conhecerem. Esse é seu destino, sua fatalidade. O velho poeta tem razão. A História constitui a prova infatigável disto: a hostilidade sempre constituiu a relação mais banal entre os homens. A paz não ocupa mais do que um interlúdio entre duas conflagrações.

"A paz não passa de uma palavra", disse Platão em *As leis*.

Viver é matar, respondem os cantos de Homero.

Existe uma dimensão darwinista a essa exposição homérica e banal da violência como meio de chegar aos fins. Alcançar a glória, a riqueza, o renome, reencontrar a esposa, a pátria, enriquecer, vingar-se, restabelecer a honra perdida: tudo o que os aqueus buscam os convida à batalha. O homem, grande fera recém-domesticada, só sabe fazer isso. Ele quer, hoje, fazer o mesmo que há 2500 anos: lutar.

A *Odisseia*, depois da *Ilíada*, oferece uma outra saída: fugir, voltar para casa, esquecer o pesadelo, curar as chagas infligidas pelo cosmos reinscrevendo-se na ordem ensanguentada. Contudo, leitor, não esqueça que se voltar à sua aldeia natal e encontrar as casas pegando fogo, a guerra pode voltar. Ela é quase reiniciada, aliás, ao fim da *Odisseia*. Zeus roga a Atena por um tratado duradouro. Resta esperar que a paz dure e experimentar com todas as forças sua deliciosa interrupção.

Na *Ilíada*, a guerra desgosta os deuses, revolta o rio Xanto, exaure os homens. É um estranho déspota, que nos governa contra nossa vontade. Nós a invocamos apesar de a odiarmos. Ninguém a deseja, mas criamos as condições para seu retorno.

Somente Apollinaire considerou a guerra bonita e detectou, no horrível esplendor das tempestades de aço, os fios de uma criação demente. Mas havia, no poeta de *Álcoois*, um abismo de desespero, e as flores das granadas iluminavam seu próprio jardim de ruínas.

A guerra a princípio oprime Aquiles:

Possa essa discórdia perecer entre os deuses, entre os homens,
e a cólera que torna mau o mais sensato,
e que, mais doce ainda do que o mel que escorre,
cresce como uma fumaça no peito dos homens.

(*Ilíada*, XVIII, 107-110.)

Ela desola Homero:

cólera funesta que fez a dor da multidão dos aqueus,
precipitou para o Hades, aos milhares, as almas ferozes
dos guerreiros, e entregou seus corpos como pasto aos cães,
às aves em banquete.

(*Ilíada*, I, 2-5.)

Mas o que fazer e quem é o culpado, como dizia Lenin no leito de morte. O que fazer contra uma coisa que ninguém quer, mas que acontecerá?

Os deuses quiseram a guerra. Os homens foram feitos para travá-la. O que mais poderia acontecer? O destino de Troia era cair. A *Ilíada* se apresenta como o sismógrafo do inelutável.

Único consolo nessas páginas de violência: os antigos adversários sempre se respeitam. Alguns insultos são ouvidos entre o assobio das lanças, por certo, mas os soldados se enfrentam sem ódio. A guerra antiga é um torneio sem calúnia. A violência é extrema, mas a tortura está ausente. O cadáver de Heitor é profanado por Aquiles mas nenhum corpo vivo é maculado. Os homens se matam entre bravos, com um gesto guerreiro. Por que essa grandeza em meio à miséria?

Porque as razões da guerra não são ideológicas, nem políticas, religiosas ou morais. Há mais ódio nas discussões dos deputados de nossas câmaras parlamentares do que nas altercações dos heróis antigos.

Todos os impetrantes dão graças aos mesmos deuses. Não há vontade alguma, entre aqueus ou troianos, de impor um dogma, um ídolo, ou de conquistar almas. A época não é de guerras de *religião*, em que o homem convencido de sua própria fábula quer impô-la aos demais. A *Ilíada* não é nem mesmo uma guerra territorial.

A única constante é o imperioso dever de reparar a honra. E de se portar heroicamente.

A FERA EM SI

Desde as arremetidas dos troianos contra os aqueus, as gerações sentem o acúmulo de tempestades acima de suas cabeças.

Essas tensões magnéticas que enfraquecem os nervos são chamadas de *pré-guerra*. Subitamente, o céu estoura, como um jarro quebrado. Uma onda se ergue. Quem poderia contê-la?

Os poetas descreveram, no século XX, essas premissas. Ödön von Horváth, em *Juventude sem Deus*, Miklós Bánffy em *Darabokra szaggattatol* [Que o vento vos carregue]. Os soldados, como os escritores, tampouco se enganaram: "Que tempestade é esta que se aproxima? Que sinal é este no céu?", dizem as palavras da *Marcha do I comando da França*. E, posso fazer uma confissão? Quando reli a *Ilíada* nos terraços brancos da ilha de Tinos, pensei nos acontecimentos que hoje abalam o mundo. Em toda parte, do Oriente Médio ao Mar da China, a temperatura se eleva. Em breve, dez bilhões de seres humanos conectados uns aos outros estarão em condições de se invejar. E senti o acúmulo dessas tensões tempestuosas, cuja membrana só pode ser rompida pelo início da guerra, como um gládio trespassando um ventre.

Na *Ilíada*, depois de alguns cantos de exposição, a guerra tem início. Ela surge, fera terrível, alimentada por sua própria energia, conduzida por seu próprio ferrão.

Ela é uma "ipseidade", para falar como os filósofos (e os presidentes da República que leem livros difíceis), isto é, *uma coisa em si*.

Segundo essa predisposição dos gregos para personificar todas as coisas – tanto paixões quanto acontecimentos –, a guerra se transforma em criatura frankensteiniana.

Os deuses libertam um monstro no laboratório do homem. A guerra escapa a uns e ultrapassa os outros. Quando Aquiles extravasa sua fúria até mesmo sobre o leito do rio, é porque a guerra invade os espíritos, polui os elementos e eletriza os habitantes do Olimpo. Ela é um tornado:

Sobre todos os outros deuses caiu pesadamente a discórdia dolorosa. O coração oscilava num sentido e no outro. Eles se enfrentavam em tumulto.

(*Ilíada*, XXI, 385-387.)

Até os deuses entram numa dança macabra e logo a batalha se torna um sabá enlouquecido, ciclone cósmico.

O gênio de Homero é dar corpo à guerra. Ela invade o país, um gigante devastando a planície a passos largos, como o colosso de Goya ou o satã de Félicien Rops.

Stalin, depois de Barbarossa, encomendou de um poeta soviético um canto destinado a inflamar as tropas. E, no refrão repetido pelos russos, ouvia-se a personificação perfeitamente homérica do pegar em armas:

Que o nobre furor
Se desencadeie, como uma onda!
É a guerra popular,
A guerra sagrada!

Homero foi o primeiro artista a saber que o pensamento pode ser personificado. Ele provou, em seus cantos, que uma pulsão é capaz de se materializar. As paixões criam os acontecimentos e não o contrário. Os acontecimentos se transformam então em força incontrolável. Depois do poeta cego, os escritores e os pensadores se apossaram da ideia da ipseidade da guerra. Ernst Jünger, num texto alucinado, saudado pelos surrealistas franceses da década de 1920, *A guerra como experiência interior*, descreveu as Erínias, cadelas vingadoras, deusas mortíferas que despertam, incontroláveis: "O combate não é apenas nosso pai, ele também é nosso filho; nós o geramos assim como ele a nós". Na *Ilíada*, os homens guerreiam. Depois a guerra toma corpo, ganha vida e se transforma em homem.

Por isso é um tanto inútil perguntar-se sobre as origens da Guerra de Troia. Mas a questão agita a Universidade: Zeus queria punir os homens? Tétis é a causa da batalha? Deve-se culpar apenas Aquiles? Helena foi uma peça crucial ou um pretexto narrativo? Deve-se ver na obra uma alegoria dos avanços estratégicos da Ásia contra a Europa? Uma simples guerra de poder entre Príamo e Agamenon? O eterno conflito dos sedentários contra os navegadores? Existe uma teoria, nas tradições exegetas, que afirma que Zeus queria agradar Gaia, livrando a superfície da Terra de alguns milhares de homens. Todas essas hipóteses são apaixonantes, alimentaram as crônicas. Mas são vãs.

Lembremos a imagem do colosso de Goya percorrendo a planície onde morrem os homens.

A guerra é a companheira do homem. Ela ronda nosso planeta, sombra eterna, cadela à espreita.

Ela tem sede, nada pode estancá-la. E o homem sempre se voluntaria para saciar sua sede. Em suma, a Guerra de Troia ocorreu porque nada podia impedi-la. E não apenas ela aconteceu, como outras guerras de Troia sempre acontecerão.

Atena, no início do poema, circula pelas fileiras gregas desmoralizadas. Ela quer inflamá-las. E Homero faz uma terrível constatação:

ela percorria a multidão acaia,
excitando cada um: fez surgir uma força
nos corações, ardente, incitando-os a lutar, a combater.

E de repente a guerra se tornou mais doce a seus olhos
do que o regresso, nas côncavas naus, ao país de seus pais.
(*Ilíada*, II, 450-454.)

Homero, poeta da lucidez. A lucidez que abre o buraco da fechadura pelo qual nunca devemos espiar para não perder a fé em nós mesmos.

A ÓPERA ROCK

Homero (sobrepondo-se a Sun Tzu) sempre descreveu a arte da guerra como um técnico. A *dupla arte da guerra*, podemos acrescentar. A da força pura *e* da sutileza.

Ou, para usar outras palavras, a guerra de Patton precipitando-se nas Ardennes em 1944, e a do maldito Talleyrand fomentando intrigas!

Aquiles encarna a força bruta. Heitor e Ulisses associam ao vigor a *métis*, virtude da astúcia e da inteligência.

Homero descreve toda a amplidão da guerra. Ecoam em suas páginas o tumulto das batalhas, o grito dos deuses, o estrépito das manobras. A *Ilíada*, ópera rock!

Homero se assemelha a um diretor de filmes históricos sentado em sua cadeira, dispondo os figurantes na cena, antes de gritar "Ação!". Nem todos os esforços da armada hollywoodiana poderiam concorrer com versos eternos.

Por vezes, há grandes planos. Homero domina a cena. Os exércitos se enfrentam em massa, o olhar se eleva e considera os movimentos das alturas do Olimpo.

Os deuses, enquanto estrategos, ocupam a posição mais alta. Yves Lacoste, em *Paisagens políticas*, se fez exegeta da geografia dos deuses belicistas: "Dos lugares de onde podemos ver uma paisagem, aquele que tem a mais bela vista é quase sempre o mais interessante num raciocínio de tática militar".

No plano humano, isso corresponde à colina eterna dos campos de batalha, de onde Napoleão observava o desenrolar das operações.

Homero mescla imagens oníricas aos enfrentamentos. Atrás das câmeras, Kurosawa ou o Terrence Malick de *Além da linha vermelha*:

Os aqueus saíam das rápidas naus.
Como nos dias em que, numerosos, os flocos do Crônida flutuavam,
frios, sob o sopro de Bóreas, jorrando do éter em rajadas,
tão numerosos, assim, os capacetes, cintilando num brilho magnífico,
saíam dos barcos, e escudos redondos,
belas couraças, lanças de freixo.
O estrondo subia ao céu. E, de riso, toda a terra,
sob o estrépito do bronze. O passo dos homens em marcha
retumbava.
(*Ilíada*, XIX, 356-364.)

De repente, o plano se fecha, o *olho* do poeta se aproxima – a *câmera*, diríamos – e os heróis se enfrentam, enraivecidos, fora de si. Como duelistas furiosos. Ridley Scott entra em ação e Sergio Leone contempla a cena com distanciamento cínico. A cena é em 35 mm:

como um leão avançou o Átrida
Agamenon.
...
Ele tirou Pisandro do carro, derrubando-o no chão,
enfiou a estaca em seu torso: ele caiu, derrubado, na areia.
Hipóloco fugia: o Átrida levou-o ao chão;
com a espada, cortou seus braços e a cabeça,
como um canhão enviou-o para o meio da multidão
(*Ilíada*, XI, 129-147.)

Depois o *leitor* – o *espectador*, deveríamos dizer – se aproxima e descobre, assombrado, o grande plano. Como se as equipes de Peter Jackson ou os nerds de *Game of Thrones* estivessem trabalhando para nos deixar em estado de choque.

Mas Homero tinha algo melhor do que câmeras GoPro, drones e imagens de síntese: ele tinha a poesia.

Depois Demoleonte, depois o outro,
filho de Antenor, intrépido defensor de suas linhas,
foi atingido na têmpora, pelo casco e pela viseira,
mas o elmo de bronze não pôde fazer-lhe obstáculo: a ponta
da lança quebrou-lhe o osso; dentro, o cérebro
se esmigalhou. Ele morreu ceifado em seu avanço.
Hipodamante, por sua vez, saltou de seu carro em fuga,
longe à sua frente, mas recebeu nas costas a lança de Aquiles.
Perdeu a vida num rugido tal como
o do touro arrastado para o senhor de Hélice
pelos jovens para agradar o Soberano da terra.
Ele rugia: seu sopro guerreiro deixou-lhe o corpo.
(*Ilíada*, XX, 395-406.)

Não, Guillaume Apollinaire! Não, Ernst Jünger! Nunca acharemos a guerra bonita, nós que não a conhecemos.

Homero revela: ela será nossa sina inefável.

Nunca escaparemos a seu sopro. Os focos de hoje – no Oriente Médio, no Pacífico, nas planícies de Donbass – são o mais antigo eco da coisa mais comum.

A *Ilíada* soa atual porque é o poema da guerra. Depois de 2500 anos, a sede de sangue continua a mesma. As armas é que mudaram. Tornaram-se mais eficientes. O progresso é a capacidade do homem de desenvolver seu poder de destruição.

O gemido da guerra nunca cessará. Ele corre além do horizonte. Deveríamos saber disso e usufruir da paz. Deveríamos nos lembrar que Heitor não viu o filho crescer. Deveríamos abençoar cada instante em que a paz nos permite segurar o nosso no colo.

A paz parece um tesouro estranho. Nós o negligenciamos quando o temos à disposição e dele sentimos falta quando o perdemos.

A *Ilíada* é o poema da paz desaparecida. A paz não é o biótopo natural da humanidade. O projeto de paz universal é uma construção da filosofia. Ela permite estruturar castelos especulativos enquanto os gládios da idade do bronze são afiados e enquanto os microchips de silício da idade do drone são criados.

Leiamos Homero e usufruamos dos frutos da paz, beijos fugazes à disposição de alguns sortudos numa década terrestre.

O HÚBRIS
OU O CÃO RAIVOSO

POR QUE ESTRAGAR ESSES QUADROS?

Acredite em mim, não há vida melhor
do que quando a alegria reina em todo o povo,
quando os convivas do salão ouvem o cantor,
sentados em fila, as mesas repletas diante deles
com carnes e pão, e o criado serve o vinho
nos jarros e o serve em cada copo:
eis o que me parece a mais bela ventura.
(Odisseia, IX, 5-11.)

Tais são as confidências de Ulisses aos feácios. Mais adiante:

E a morte virá me buscar
fora do mar, uma morte muito doce que me encontrará
enfraquecido pela idade opulenta; o povo a meu redor
estará feliz. Isso foi o que ele me profetizou.
(Odisseia, XXIII, 281-284.)

Eis a formulação do sonho do homem grego. Que acabem as guerras e as aventuras! Que venha o tempo de "viver entre os parentes o resto de sua vida".

Nada é mais valioso para o homem antigo do que a boa vida tranquila, modestamente ritmada, justamente equilibrada, regulada pelo mundo, imitada da natureza. A baronesa Von Blixen exportou o projeto grego para a savana africana, perseguindo à sombra do Ngong um ideal "de doçura, de liberdade e de alegria". Tudo menos o tornado de violência da planície de Troia!

Por que o homem se obstina a devastar a doçura? Por que ele aspira a sair de si mesmo, "como uma fera"?

Andrômaca censura Heitor por suas pulsões mortíferas, enquanto seu marido veste a armadura:

**Insensato, teu ardor te perderá! Sem piedade negligencias
teu filho pequeno, e tua esposa dolente,
logo viúva de ti...**

(*Ilíada*, VI, 407-409.)

Por que alguma coisa em nós sempre sai do eixo?
Às vezes, o frenesi aumenta, infecta o corpo social e se torna cósmico. Os gregos antigos chamavam de húbris esse excesso.
O húbris é a irrupção desenfreada do homem no equilíbrio do mundo, a injúria feita ao cosmos.
Por excesso de si mesmo, o homem, perturbador endócrino da estabilidade universal, cede ao cão "raivoso".
A maldição do homem consiste em nunca se contentar com o que é. As filosofias religiosas se atribuíram a missão de apaziguar essa febre. Jesus com o amor ao próximo, Buda com a extinção do desejo, o Talmude com o universalismo; os profetas, ao contrário de Johnny, têm um único objetivo: apagar o fogo.
A queda, em Homero, não é a queda do homem do jardim original, mas a perturbação da ordem de um jardim ideal.
Quem de nós não se sente dividido entre o desejo de cultivar o próprio jardim e o de cair na aventura?

OS DIAS FEROZES

Quando esquecemos de manter nossas paixões em rédea curta, caímos no húbris.

Por minha loucura, confessa Heitor, **causei a perda dos meus** (*Ilíada*, **XXII, 104**). Muitas vezes, na planície de Troia, um guerreiro deixa para trás toda contenção e semeia a ruína ao redor.

Ele atrai, então, a cólera dos deuses. Pois os deuses, seres sensivelmente fracos, perdoam tudo, menos o excesso do qual às vezes são adeptos.

O húbris invade sucessivamente todos os heróis combatentes. Ele circula como um fluido entre os homens, penetra-os como uma toxina contagiosa. Como o *rumor* do *Barbeiro* de Rossini, ele corre, prenúncio do mal.

Gregos ou troianos, os guerreiros passam uns aos outros essa varíola. Eles saem da casinha, diríamos hoje. E nada os detém.

Menelau, em pleno combate, dá sua própria definição do húbris:

Sereis freados, por mais belicoso que seja vosso ardor.
Zeus, nosso Pai, que és superior a qualquer outro em sabedoria,
homem ou deus, e tudo de ti provém e em ti se acaba:
que favor concedes então a essa gente sem vergonha,
a esses troianos cujo ardor não tem freio, que não podem
se saciar dos combates da guerra igual e comum!
A saciedade vem ao fim de tudo, do amor e do sono,
da canção suave e das danças graciosas,

e essas são coisas ainda mais atraentes
do que os combates! Mas eles, os troianos, são insaciáveis!
(*Ilíada*, XIII, 630-639.)

Aquiles personifica o auge do húbris. Em Troia, ele primeiro se retira do combate, humilhado por Agamenon. E manda embora Ulisses, que vai rogar-lhe que volte ao combate. Mas quando seu amigo Pátroclo é morto, ele se convence. Solta então seus próprios demônios e sua ira se transforma em furor.

Uma onda de sangue quebra na planície de Troia. Uma *possessão maléfica* se põe em obra, diríamos se utilizássemos um vocabulário anacronicamente cristão. A ira de Aquiles assusta até mesmo os deuses do Olimpo.

O herói divino deixou sua lança na margem,
encostada numa tamargueira, e saltou qual um deus magnífico,
somente com a espada, tramando misérias em seu coração.
Golpeava para todos os lados. Um soluço se fez ouvir, terrível,
sob os golpes de seu gládio, e as água rugiram, ensanguentadas.
(*Ilíada*, XXI, 17-21.)

Aquiles atinge crianças, massacra sem ouvir a menor súplica, degola, decapita. O húbris é um rio sem volta, mas um rio de sangue do qual apenas os deuses serão a barragem. A ira desmesurada de Aquiles os deixará revoltados.

Os gregos chamavam de *aristia* esses episódios em que o guerreiro em transe não conseguia mais interromper o movimento de seus braços e pintava um terrível quadro de caça. Homero várias vezes põe em cena aristias de guerreiros possuídos.

As aristias de Diomedes, Pátroclo, Menelau e Agamenon são episódios que invadem os cantos, como flashes narcóticos. Um dilúvio de fogo, ferro e sangue se abate sobre a tropa. E o leitor moderno não deixa de pensar nos helicópteros de guerra UH-1 Huey da US Air Force sobrevoando aldeias de pescadores vietnamitas enquanto explodem os metais da cavalaria wagneriana em *Apocalypse Now*, de Coppola. O húbris é um apocalipse anterior à revelação:

com o mesmo furor, Diomedes atacava o adversário.
Astínoo, Hopírone foram mortos, esses pastores de seus homens,
um pela haste de bronze que atingiu seu peito,
o outro pela espada que atingiu, bem perto do ombro,
sua clavícula, cindindo em dois o ombro e a nuca.
Deixando-os, Diomedes atacou Abante, Políido,
filhos de Euridamante, o velho intérprete de sonhos,
que, no dia da partida, havia negligenciado seus oráculos:
o poderoso Diomedes massacrou a ambos.
(*Ilíada*, V, 143-151.)

A aristia homérica é um velho refrão da história mundial. Os *berserker*, homens-lobo ou homens-urso das tradições germânicas e das sagas escandinavas, designavam os guerreiros iniciados nos segredos das sociedades subterrâneas. Os rituais lhes conferiam uma "força mágico-religiosa que os transformava em carniceiros", escreve Mircea Eliade.* Eles aterrorizavam os adversários. A expressão *furia francese*, forjada durante as guerras do Renascimento, designa o mesmo turbilhão do exército francês. Napoleão utilizou a fórmula e, quando Murat enviou seus dez mil cavaleiros ao ataque das tropas russas em Eylau, não podemos dizer que pareciam feras homéricas soltas como *berserker* na planície de Troia?

Temperemos com um toque negativo esses entusiasmos marciais. Não haveria algo de autodestrutivo nesses excessos? O *furor* antigo poderia designar um desejo de fim. Com raiva, o homem partia na direção de um abismo, esperando vagamente que alguma coisa o detivesse, mão de deus ou flecha fatal. O húbris seria uma forma de suicídio mitológico?

---

* *Ritos de iniciação e sociedades secretas*, 1959.

Não podemos deixar de diagnosticar uma pulsão de morte na ira de Aquiles, arrastando o mundo inteiro, cosmos, homens e elementos, no coração de suas trevas. Nas muralhas de Roma, Nero acendeu a própria pira funerária e quis "que tudo perecesse", já que ele morreria.

ÚLTIMA PUNIÇÃO

Nove dias depois da morte de Heitor, Aquiles segue desonrando o corpo de sua vítima. Zeus convoca Tétis ao Olimpo e ordena:

Procura teu filho no campo, dá-lhe minhas ordens:
dize que os deuses estão indignados com ele e, mais que os outros
deuses imortais, eu mesmo estou furioso com o rancor
com que ele expõe Heitor, perto dos navios, sem devolvê-lo:
que restitua Heitor, ou que tema minha força!
(*Ilíada*, XXIV, 112-116.)

O homem pode acabar desagradando os deuses, portanto.
Esse é o paradoxo do húbris: criticado pelos deuses, ele é alimentado por eles. Um homem tenta escapar dele, um deus o empurra em sua direção. Enfim, os deuses não são bons conosco. Ou melhor, eles nos desprezam. Como Apolo, ao descrever os homens a Poseidon:

seres vis que, semelhantes às folhas, ora resplandecem
com seu brilho e consomem então o fruto da gleba,
ora se perdem, consumindo-se, sem coragem.
(*Ilíada*, XXI, 464-466.)

Será preciso esperar a revelação cristã para que surja a ternura do criador por suas criaturas. Por ora, os deuses levam os homens à guerra, essa "subordinação da alma humana à força", segundo Simone Weil.

O próprio Ulisses, por ter revelado seu nome ao ciclope – forma de húbris por orgulho –, desencadeia a ira de Poseidon. Enrubescer de raiva ou bravata, o erro é o mesmo: infringimos a regra da constância.

Mais tarde, os cristãos inventarão a noção de pecado, venial ou original. Mas o princípio é semelhante: paga-se por um erro. A ausência de teoria moral impedia os gregos de pesar as ações na balança do bem e do mal. Eles preferiam julgar o que se ajustava à medida natural e o que a insultava.

A *Ilíada* coloca em cena uma permanente oscilação de forças. E o infortúnio sempre se distribui equitativamente a uns e outros. O fraco é um ex-forte. O forte não perde por esperar. Aquiles, que se tornou o guerreiro mais poderoso, logo é perseguido pela onda do Escamandro.

A força, em Homero, nunca é um dom eterno. Ela sempre se inverte e o herói triunfante um dia é banido ao Inferno.

Assim é o destino, como o pêndulo de um relógio. Vocês não perdem por esperar, ri Homero ao descrever a vitória de um exército sobre o outro. E, de fato, a roda do destino avança um pouco e o exército vitorioso debanda diante do contra-ataque.

É assim que se expressa o pessimismo de Homero: "Os vencedores e os vencidos são irmãos na mesma miséria", teoriza Simone Weil. O vento gira na planície.

Essas inversões da fortuna atordoam o leitor. No fim, somente os deuses, marionetistas de nossa pobre *commedia dell'arte*, se entendem.

O HÚBRIS NUNCA SE EXTINGUE!

Quando os homens caem no excesso, eles se tornam grotescos. "O que eles querem não é nada menos que tudo", escreve Simone Weil. *Nada menos que tudo* é uma precisa definição do húbris. "Tudo, agora mesmo", amplifica a sociedade da abundância. E "sem entraves", por favor!

O Escamandro transborda para que o homem pague por atacar a natureza.

A caçamba de dejetos com que enterramos o planeta não parece a charrete de corpos atirados por Aquiles no rio? O curso de água, revoltado, vomita o corpo: **minha bela corrente está repleta de cadáveres** (*Ilíada*, XXI, 218). Ele se rebela e decide punir Aquiles:

Irmão querido, grita o rio ao Simoente, seu vizinho, **detenhamos juntos o ardor desse homem,**
que vai destruir a grande cidade de Príamo, nobre senhor:
os troianos não resistirão a essa batalha.
Vem auxiliar-me, agora mesmo, e enche com a água das fontes
as correntes de teu leito, depois excita os ribeirões,
ergue uma onda enorme, desperta um imenso clamor
de árvores e rochas, detenhamos esse homem selvagem,
que triunfa e está cheio de divina raiva.

(*Ilíada*, XXI, 308-315.)

Poderíamos comparar a ira do rio às convulsões da Terra esfolada até os ossos pela avidez de oito bilhões de seres humanos conectados ao grande leilão da orgia mundial.

Ao longo de minhas viagens, sempre associei duas imagens à lição do Escamandro. A do Mar de Aral e a dos templos de Angkor. O primeiro foi esvaziado pela demiurgia do homem. Os outros foram recobertos pela floresta, e as raízes das árvores deslocaram as fundações ciclópicas. No Aral, o homem manifestou sua desmesura. Até o céu se ofuscou e, hoje, as nuvens carregam um véu de poeira negra. Em Angkor, a natureza provou que um dia todas as nossas construções serão recobertas por uma mortalha.

Em Aral, a punição de nosso orgulho.

Em Angkor, seu sepultamento.

Tudo passa, tudo flui, tudo se apaga, sabia Heráclito antes de Sócrates. Homem!, avisa Homero, tua desmesura não resistirá aos deuses. Por que te obstinas a querer alçar-te acima de ti mesmo?

O HÚBRIS POR PILHAGEM

Talvez hoje estejamos vivendo uma *Ilíada*? Bastaria substituir a ira de Aquiles pela expressão de nossa arrogância tecnicista. Em sua conferência sobre a técnica, Heidegger mencionou o *ultimato* à Terra por seus recursos. Essa intimação à Terra, essa inspeção, se aparenta ao húbris. Os deuses detiveram Aquiles. O filósofo da Floresta Negra pensava que somente um poeta poderia nos salvar da insaciabilidade. Estamos à sua espera.

Apolo já havia advertido Diomedes, que se precipitava para matar Eneias:

**Filho de Tideu, atenção, cuidado: recua! Não penses
que és como os deuses.**

(*Ilíada*, V, 440-441.)

O húbris é esse ponto de virada. O homem se toma por um deus – ou um demiurgo, sejamos modestos – e contradiz a justa asserção de Protágoras no século V a.C.: "O homem é a medida de todas as coisas".

Deveríamos pensar nisso duas vezes neste início de século XXI! Não ouvimos a advertência homérica? Estamos travando uma Guerra de Troia contra a natureza. Submetemos a Terra à nossa vontade. Nós a sujeitamos a nossos desejos, comercializamos o átomo, a molécula, a célula e o gene. Logo aumentaremos o homem, preveem os pregadores da tecnociência. Realizamos nossa expansão total e somos oito bilhões à espera de que a Terra nos sustente. Extinguimos espécies e desertificamos os solos. Nossa técnica nos permitiu saquear os tesouros subterrâneos, liberar os hidrocarbonetos orgânicos para propulsioná-los à atmosfera, redesenhar os territórios e, conforme o verso abjeto de Émile Verhaeren, "recriar os montes e os mares e as planícies segundo outra vontade". Agora, voltamos os olhos para os satélites do planeta, a Lua, Marte. Quem se lembra de Laika? O primeiro ser vivo enviado ao espaço flutuou por muito tempo no vazio sideral. Laika foi a cadela soviética que os cosmonautas sabiam que não voltaria. Este é o homem: sua primeira saudação aos deuses foi uma cadela morta. Não é preciso ser um ecologista militante para perceber que a humanidade saiu do eixo. Que as forças se excedem. As dos homens uns contra os outros. As dos homens para destruir seu biótopo. Os homens se tornaram Aquiles. O Escamandro já transbordou.

O HÚBRIS POR AUMENTO

Como Homero riria se soubesse que falamos em "aumentar a realidade", estender os limites, explorar os planetas, atingir uma expectativa de vida de mil anos. Como os deuses gregos bradariam ao perceber que pesquisadores do Vale do Silício comemoram a criação de um mundo tecnológico, em vez de se contentarem com aquele do qual dispõem e em vez de protegerem sua fragilidade. Que estranho fenômeno! Assistimos a uma intensificação do desejo de criar uma outra realidade, enquanto a realidade imediata se degrada a nosso redor. Quanto mais o homem destrói o ambiente, mais os demiurgos do mundo virtual prometem futuros tecnológicos e mais os profetas anunciam paraísos no além. Qual a causa e a consequência da deterioração do mundo? Os que querem aumentar a realidade buscam uma solução para a degradação do mundo ou são aceleradores desse processo? Esta é uma questão homérica, pois remete à simples veneração das riquezas reais do mundo, ao perigo de considerar-se um deus, à necessidade de conter as próprias forças, de restringir os apetites, ao imperativo de contentamento com a parte que cabe ao homem.

As guerras se sucedem na Terra desde a época paleolítica. A guerra sem dúvida pode ser considerada o estado normal de convivência entre os homens. Mas outra coisa acontece desde as revoluções industriais do século XIX: uma modificação do real inédita na história da humanidade. O homem parece ter reunido todas as suas forças para vencer a luta contra o mundo. A natureza não está mais em ação, ditando suas leis, impondo seus ritmos, indicando seus limites. Nisso se situa o húbris de nossa época, e não na ação dos fanáticos muçulmanos.

Precisamos reler a *Ilíada*, dar ouvidos a Apolo e saber que profanar o Escamandro sempre causa sofrimento.

HOMERO
E A BELEZA PURA

Homero é o nome de quem? De um gênio solitário e errante ou de um grupo de bardos formado ao longo dos séculos? Homero nos legou palavras divinas. A *Ilíada* e a *Odisseia* têm um valor documental, sem dúvida, mas brilham acima de tudo como uma joia. Quando seguramos um diamante, não ficamos estupefatos com a estrutura molecular do carbono, ficamos maravilhados com seus reflexos. Em 1957, o historiador Bernard Berenson confessava: "A vida toda, li trabalhos sobre Homero: filológicos, históricos, arqueológicos, geográficos etc. Agora, quero lê-lo apenas como arte pura". Escolhamos a arte pura!

A SACRALIDADE DO TEXTO

Nossa época é fascinada por imagens. Preferimos uma GoPro do que um *propósito*, acreditamos que um drone eleva o pensamento e queremos alta definição antes de ter algo para definir. Nos tempos homéricos, a poesia reinava, o verbo era sagrado. As palavras alçavam voo, "aladas", segundo Homero. Para um herói, inscrever o próprio nome na epopeia constituía uma glória! Maneira de enraizar-se na memória dos homens, o verbo concedia a imortalidade. Em suma, a palavra consagrava a existência. As Musas não eram as filhas da Memória e de Zeus?

Certa noite, Ulisses é convidado à mesa dos feácios. Ninguém o reconhece. Ele pede ao menestrel de plantão que conte um episódio da Guerra de Troia. Ele ouve seu nome e, graças ao relato, compreende que foi *incorporado* à memória coletiva. Ele foi além, venceu o esquecimento.

Contar histórias é uma particularidade do homem. Os animais não escrevem romances. Meio milênio depois de Homero, Alexandre, o Grande, ultrapassou o Helesponto, em 334 a.C., e visitou o túmulo de Aquiles, proclamando que o invencível guerreiro de Troia era um herói feliz, "pois havia tido Homero como um arauto de suas façanhas". Era a época em que a glória não consistia em superar o milhão de curtidas, mas em ser cantado por um poeta, um dos aedos "inspirados pelo deus". Sou um pregador da paróquia das letras, por isso sinto falta dos tempos em que:

De todos os homens da terra, os aedos
merecem honras e respeito, pois é a Musa,
que preza a raça dos cantores, que os inspira.
(*Odisseia,* VIII, 479-481.)

Os séculos da palavra. Eles talvez voltem.

Falar era uma virtude comparável à arte de guerrear. O aedo figurava, aliás, num bom lugar do escudo de Hefesto, que representa o espectro das ações humanas. Os poemas eram pronunciados em voz alta e o aedo acompanhava a si mesmo com um instrumento de cordas. Restou-nos a representação simbólica do poeta com sua lira. A leitura em voz baixa tal como a praticamos hoje é uma prática recente. Ela data da Alta Idade Média. Muitos santos letrados a reprovaram, vendo nela um retraimento e, pior ainda, um descaminho.

Eu estaria disposto a militar pelo retorno às leituras declamadas em voz alta em praça pública. A sra. Hidalgo*, gênio do Olimpo, poderia inventar uma dessas noites brancas de que ela tem o segredo. O evento poderia se chamar "Todas e todos de toga" e a *Ilíada* seria declamada a plenos pulmões na ágora parisiense.

---

* Nota às gerações mais jovens: nome da prefeita de Paris em 2018.

O VERBO COMO AMBROSIA

Ouçamos o gênio da Musa por meio de Ulisses. Estamos diante das muralhas de Troia. O rei Agamenon propõe às tropas a cessação dos combates. Ele quer testá-las. Os homens lutam há nove anos. Todos querem voltar para suas casas. Mas o rei não conta com a exortação de Ulisses, que discorda dele e inflama os guerreiros:

Calou-se. Os argivos gritaram. Em torno dos navios ecoou o terrível clamor da multidão dos aqueus: eles aprovavam o discurso do divino Ulisses.

(Ilíada, II, 333-335.)

As palavras de Ulisses exaltam o coração da tropa. Homero assinala ao longo de todo o poema o poder revigorante da palavra. Ela insufla força nos espíritos abatidos e nas almas aflitas. Como a luz do sol que desperta o corpo depois de uma noite mal dormida, ela revigora. Nisso, ela é divina.

Para o grego, o verbo faz sua força. Mais do que isso, ele é quase um deus!

O tempo todo, na *Ilíada*, ouvimos um guerreiro ou um deus, em pé sobre a barricada, lançando encantamentos à tropa desencorajada. Ele sempre associa a força física à arte oratória. E retoma o ataque com a potência das palavras. A injunção inflama os homens! Como a exortação de Poseidon:

Vergonha sobre vós, juventude de Argos! De minha parte, tenho confiança
que, por vosso combate, salvareis nossos navios.
Mas se desertardes a dolorosa batalha,
terá chegado o dia em que a massa troiana nos domará.
(*Ilíada*, XIII, 95-98.)

Como o discurso de Diomedes diante de sua tropa, extenuada pelos avanços troianos:

A essas palavras, os filhos de Aqueus gritaram todos juntos,
aplaudindo o discurso de Diomedes.
(*Ilíada*, VII, 403-404.)

Como as imprecações de Aquiles ao sair de seu amuo e incitando os homens a seguir Pátroclo, seu duplo, seu irmão:

Sigam com o coração valoroso para combater a massa troiana!
Com suas palavras ele excitava o ardor e a coragem de cada homem.
Depois de ouvir o rei, as fileiras se cerraram.
(*Ilíada*, XVI, 209-211.)

Não é entusiasmante ouvir os guerreiros tribunos? Com simples palavras, fazem todos vibrar. A palavra infunde seu elixir. Ela concede sua força.

Para nós, contemporâneos do século digital, essas exortações parecem impossíveis. Dois mil e quinhentos anos depois dos apelos dos heróis troianos, telas se ergueram entre nós e o mundo, a imagem destronou as palavras, ela influencia o curso da História. Quem ainda seria inflamado por um discurso?

Ao longo da década de 2010, no início da crise dos refugiados, no mesmo mar percorrido pelas naus aqueias, homens fugiram dos abusos dos muçulmanos fanáticos. Os "migrantes" (em novilíngua no texto) naufragaram em praias, se afogaram em pleno mar. Jornalistas e romancistas escreveram em vão. Foi a fotografia de um garotinho naufragado numa praia que levou os dirigentes europeus à ação, abrindo as fronteiras. Uma fotografia precipitou a decisão. Os textos não pesam mais sobre o curso das coisas. Não há mais apelos de 18 de junho, nem de Diomedes no campo de batalha, declamando sua repreensão. O espírito das palavras não movimenta mais o corpo das massas.

Homero, na *Ilíada*, às vezes se confessa cansado do valor mágico da palavra:

Dizer tudo, como um deus, a tarefa me é dolorosa.
(*Ilíada*, XII, 176.)

No entanto, é em virtude de sua força profética que o verbo mitológico atravessou milênios para chegar até nós.

A POESIA PURA

Jacqueline de Romilly tinha uma teoria sobre a beleza formal desses textos. O extremamente complexo método de escrita da época exigia uma escrita definitiva. A dificuldade técnica criou o estilo. Imaginemos Homero ditando seu poema a um escriba. Era tão difícil inscrever uma frase em papiro com o pincel que era preciso formulá-la com perfeição antes de registrá-la. Cada uma era inserida no texto como um diamante definitivo numa coroa.

O estilo de Homero responde a duas características principais, que fazem o texto brilhar como o Mediterrâneo ao sol. Graças a elas, reconhecemos a música de Homero.

Elas são: o recurso permanente a epítetos e o uso de analogias.

O epíteto consagra o nome. A comparação dita o ritmo.

Adjetivos e comparações! Nossos professores nos ensinaram a não utilizar demais uns e a não abusar dos outros. "Pesado demais!", diziam, devolvendo-nos cópias cheias de correções em vermelho. Tivessem ouvido essa descrição da imensa comoção dos exércitos aqueus na planície de Troia:

Como o fogo voraz que incendeia bosques densos,
no pico de um monte, e ao longe se vê sua luz,
do mesmo modo, enquanto eles marchavam, o brilho formidável
    do bronze
resplandecia, através do éter, até os cimos celestes.
Como os bandos de pássaros, espécie numerosa e alada

– gansos ou gralhas ou cisnes de pescoço comprido –,
na planície do Ásio, ao longo das águas do Caístro,
voam de todos os lados com asas fortes e alegres,
depois, com grande alarido, pousam e a planície treme,
do mesmo modo os povos numerosos, deixando barracas e barcos,
espalhavam-se nos campos escamândricos: e a terra
retumbava ruidosamente sob os passos dos cavalos e dos homens.
(Ilíada, II, 455-466.)

Homero convoca as imagens da natureza com uma profusão de palavras. As analogias elegíacas ajudam o poeta a quebrar a tensão narrativa. Elas indicam que o mundo é uma vibração única em que animais, homens e deuses embarcaram na mesma aventura, complexa e explosiva. A beleza da revelação pagã se desvela: tudo está interligado e unido na multiplicidade da vida. Um grego nunca teria o espírito pesado e a alma pequena a ponto de decretar que um deus poderia ser único e externo à sua criação.

As analogias são de quatro tipos. Elas fazem referência aos animais, aos vegetais, aos fenômenos meteorológicos e às cenas pastoris. As elegias refletem as maquinações humanas.

Por vezes, os fenômenos cósmicos simbolizam a ordem que reina no universo, harmoniosa, cruel, eternamente trágica, soberanamente perfeita e, às vezes, desmantelada:

Assim como a terra obscura sofre o peso da tempestade,
no outono, quando envia as chuvas mais intensas,
Zeus, quando irritado, castiga os homens,
que, na praça, insolentes, pronunciam torpes sentenças,
e, desprezando os deuses, expulsam toda justiça;
todas as correntezas se enchem, carregam rios enormes,
e ravinas se formam, desmoronando as colinas,
que, caindo no mar cor de púrpura, estrondam pesadamente,
do alto dos montes, destruindo o cultivo dos homens;
correndo assim, os cavalos troianos retumbavam.
(Ilíada, XVI, 384-393.)

A beleza dessas imagens, sua acuidade, indica que Homero – por mais cego que fosse – deve ter sido um observador apaixonado das colinas, um desfrutador, um agrimensor, um apreciador das noites a céu aberto. Ele sem dúvida gostava de navegar, pescar, acampar nas colinas, embriagar-se de estrelas e sentir o cheiro das plantações. Via as aves de rapina caçando pombas, o mar em fúria molhando o convés dos navios e as ovelhas ao fim do dia.

Caso contrário, essas descrições não formariam quadros tão precisos. É possível improvisar uma fotografia, mas não uma elegia. A imaginação não se inventa.

A abundância de animais e plantas no texto confere a Homero a ocasião de estabelecer a hierarquia vertical do mundo.

No alto, os deuses; embaixo, os animais. Entre os dois, o mundo dividido por homens, heróis e monstros. Às vezes, o homem se entrega à sua parte animal, e é para criticá-lo por sua violência que Homero o compara a uma fera. Como Apolo falando de Aquiles:

destituído de coração sensato ou pensamento flexível
em seu peito: como um leão, ele age como um selvagem –
leão dominado por sua grande força.
(*Ilíada*, XXIV, 40-42.)

O uso de comparações é para o poeta o momento de lembrar que o mundo não se reduz a uma laje de cimento absolutamente nivelada, onde tudo se equivale, lembrando o odioso princípio da igualdade. Em relação aos animais e aos homens: cada um tem o seu lugar. Alguns são mais fortes, mais bonitos, mais dotados do que os outros, mais nobres, mais adaptados. E se o lobo devora o novilho, é porque a natureza permitiu essa fatalidade: um animal é dotado de presas, outro é um pacato herbívoro; o primeiro come o segundo. Não se deve alterar a ordem inicial. A beleza do mundo está sujeita à injustiça. Esta governa as coisas.

Enquanto isso, como um leão feroz que ataca as vacas
que passam no úmido campo de um grande pântano,
aos milhares; o pastor, no meio, não sabe o que fazer
para impedir que a fera mate os animais corníferos;
sempre se mantém atrás da última, antes da primeira,
marchando no mesmo passo, mas a fera devora uma vaca
no meio, e todas fogem; assim o pânico
invadiu os argivos, assustados por Heitor e por Zeus, nosso Pai,
todos: o único que ele matou foi um miceniano, Perifetes,
filho de Copreu, que antigamente levava os anúncios
dos trabalhos de Euristeu à força hercúlea.

(*Ilíada*, XV, 630-640.)

 Ao invocar a perfeição da organização natural, a graça dos animais, a glória dos fenômenos e o vigor das plantas, Homero delimita uma das facetas do divino. Divino é aquilo que está na *presença pura*, na explosão do real. O divino se reflete na complexidade imanente da natureza. Está incorporado a ela.

A EXPLOSÃO DAS PALAVRAS

Homero compara a vaidade do homem à fragilidade das formas biológicas. Cada ser sobre a Terra recebe, a contragosto, seu nascimento, e nenhum conhece *nem o dia nem a hora* de sua morte. A natureza, sempre renovada e sempre destruída, dá a Homero a ocasião de sondar o mistério da vida, o enigma de sua superabundância.

Tal os tipos de folhas, tais os tipos de homens:
ora caindo ao vento, ora brotando em grande número,
dentro das florestas, quando chega a primavera;
assim também as gerações: uma cresce e a outra se apaga
(*Ilíada*, VI, 146-149)

diz Glauco a Diomedes.

Será possível contemplar uma nuvem de estorninhos ou um cardume de sardinhas e ainda acreditar na própria importância? A infinita prodigalidade da natureza na renovação de si mesma (logo fadada à morte) é o sinal de nossa vacuidade. A questão da fertilidade da Terra é uma das grandes questões do mundo grego. De onde vem a desencorajante e sublime fecundidade da natureza? Por que tanto desperdício?

Homero brinca de convocar as formas do parto monstruoso: abelhas, lobos, novilhos, golfinhos, ovelhas e pombas, morcegos, asfódelos, serpentes, aves de rapina... Talvez devamos ver nesse apetite de descrever a *verve fecunda* uma definição do paganismo: ser pagão é saudar as faces do mundo vivo e venerar a matriz da qual elas procedem sem se preocupar com seu fim. Homero contempla o mundo com olhos ávidos, seu escriba mantém o pincel a postos, pronto para a descrição. Colocar uma palavra num dos fragmentos da vida é entregar-se à celebração daquilo que Camus chamou de "as núpcias do homem e da terra, único amor realmente viril nesse mundo: perecível e generoso".*

Ser pagão é manter-se diante do espetáculo do mundo e acolhê-lo sem nada esperar – nenhum amanhã ensolarado (que hipocrisia!), nenhuma vida eterna (que farsa!). Não se deve buscar nada além dos signos do que acontece. **Tudo é belo no que se desvela** (*Ilíada*, XXII, 73), diz Príamo, rei de Troia. Sim, tudo é belo e as palavras estão a serviço desse desvelamento. Cabe a elas expressar o caleidoscópio.

Esse mundo de esplendores e perigos brilha sem descanso. E os versos de Homero nunca se cansam de estabelecer o inventário dessa parturição. Os animais e as plantas são parte da ordem do mundo – gemas no substrato.

É preciso ter o coração seco e a alma cansada para ficar à espera de paraísos hipotéticos, enquanto o campo do maravilhoso se abre, suntuosamente vivo, diante de nós.

---

* *Núpcias*, 1938.

O EPÍTETO, EXPRESSÃO DO MUNDO

Para rivalizar com a magnificência das formas que precisa descrever, Homero associa um epíteto a cada uma das entidades em cena. Animais, homens e deuses terão o direito a essa consagração de seu ser pelo crisma do adjetivo.

Especialistas loucos por contabilidade explicam que o poeta encontrou uma maneira de respeitar a métrica. Os versos de Homero são hexâmetros com seis pés de dois tempos compostos por sílabas curtas ou longas. A complexidade desse solfejo às vezes leva o poeta a acrobacias de linguagem para manter esse edifício de pé. Ora, os epítetos lhe permitem qualificar o herói ou o deus com uma designação que se insere no ritmo. Atena pode ser a "deusa de olhos de coruja", a "invencível filha de Zeus", a "deusa de olhos azulados" ou a "excita tumultos", Poseidon pode ser sucessivamente o "senhor da terra", o "pedestal do sol", o "deus treme terra" ou o "deus cachos escuros" – a inserção no corpo do texto será mais ou menos longa e ajustará a escansão dos versos. Mas essa é uma explicação de boticário!

Os especialistas também afirmam que esses epítetos garantem ao aedo um meio mnemotécnico que lhe permite basear-se numa construção formal para retomar a recitação, método que os bardos iugoslavos capazes de recitar sem esforço dez mil versos também utilizam.

Nossa fraqueza é pensar que o uso de epítetos tem uma função mais nobre do que o ajustamento métrico ou o apoio mnemônico.

Os epítetos manifestam a essência do sujeito ao qual são atribuídos. O adjetivo é uma auréola em torno da pessoa. Ele desenha a *aura* do herói, o DNA da alma. O deus, o herói ou o homem avançam, galardoados de epítetos, revelados em sua presença pela graça dos qualificativos. Saber que Aquiles é o "destino rápido", o "divino rosto", o "querido de Zeus" ou o "tomador de cidades" poupa descrições. Da mesma forma que nosso olhar, sem que saibamos por quê, reconhece fugazmente a silhueta de um personagem amado apenas sugerida, o epíteto também indica a presença do herói com uma única palavra.

Ulisses é "o homem de mil ardis", "de pensamentos cambiantes", "o persistente", o "filho generoso de Laerte". O herói mais complexo de Homero é o que recebe mais epítetos.

Eis os heróis em cena, seguidos de seu epíteto como por uma sombra: Diomedes "o ardente", Afrodite "amiga dos sorrisos", Heitor "capacete chama", Hefesto "o ilustre artesão", Idomeneu "condutor de homens", Íris "pés de vento", Fênix "cocheiro respeitável". Zeus é ora o "juntador de nuvens", o "que enxerga longe", o "trovão" ou a "voz imensa". Até a cidade de Troia tem direito a uma identidade psicopoética. Ela é "a cidade abrupta", a "cidade santa", a "cidadela de portas altas", a "opulenta e populosa", a "encantadora", a "desejável", "de largas ruas", a "reprodutora fecunda".

O que pode um pobre bardo e seu rolo de papiro diante das mudanças do mundo? Ele corre o risco de sufocar sob a complexidade das coisas. A não ser que consiga opor à densidade da imanência a graça dos epítetos. O adjetivo é a homenagem que a palavra presta ao manto de Arlequim do real. Há um epíteto na *Odisseia* que ilustra esse torneio artístico entre a imaginação e a realidade.

Quando Ulisses volta a Ítaca, ele encontra seu velho criador de porcos. Este é o único que manteve intactas sua honra e sua fidelidade. Homero justamente não utiliza os adjetivos *fiel* ou *virtuoso*. Seria fácil demais. O poeta utiliza o epíteto "divino".

Palavra que fez correr muita tinta. Por que considerar "divino" um criador de porcos? Talvez porque "divino" expresse exatamente o que os epítetos tentam delimitar, aquilo a que aspira o adjetivo: a expressão da completa manifestação de si mesmo, a verdade pura, a força daquilo que a presença oferece ao olhar. Ser divino seria portanto exalar sua mais pura identidade, sem desvios, sem máscaras, sem maquiagem. Em termos acadêmicos, o epíteto seria a profundidade do *Dasein* heideggeriano.

Esse criador de porcos é o homem em quem se pode confiar. Ele não trai, não cobiça, mantém consigo a lembrança dos tempos passados. Ele é fiel à memória do senhor. Ele não varia. Acolhe o mendigo sem reconhecer Ulisses. É o primeiro homem *real* encontrado depois dos monstros e das feiticeiras. E, além disso, revela-se bom. Talvez ser divino seja isso. Viver plenamente de acordo consigo mesmo, estar inteiramente dentro da própria pele, harmonizar-se com sua vibração, manter-se nela, modestamente erguido no brilho da existência. Divino é o homem reencontrado tal como ele era, vinte anos depois de ter sido deixado para trás. O criador de porcos não se tornou o que ele é, para utilizar as palavras de Nietzsche. Ele continuou sendo o que já era: divino. Quem pode se orgulhar de um epíteto como esse?

BIBLIOGRAFIA

CITATI, Pietro. *La Pensée chatoyante*. Paris: Gallimard, 2006. (Coleção Folio.)
CONCHE, Marcel. *Essais sur Homère*. Paris: PUF, 1999. (Coleção Quadrige.)
HERÁCLITO. *Fragments* (tradução de Marcel Conche). Paris: PUF, 2011. (Coleção Épiméthée.)
ROMILLY, Jacqueline de. *Homère*. Paris: PUF, 2005. (Coleção Que sais-je?) [Edição em português: *Homero: introdução aos poemas homéricos*. Lisboa: Edições 70, 2001.]
VERNANT, Jean-Pierre. *Mythe et pensée chez les Grecs*. Paris: La Découverte Poche, 2005. [Edição em português: *Mito e pensamento entre os gregos*. São Paulo: Paz e Terra, 2008.]
VEYNE, Paul. *Les Grecs ont-ils cru à leurs mythes?* Paris: Points-Seuil, 2011. [Edição em português: *Os gregos acreditavam em seus mitos?* São Paulo: Unesp, 2014.]
WEIL, Simone. *L'Iliade ou le Poème de la force*. Paris: Rivages Poche, 2014. [Edição em português: A *Ilíada* ou o poema da força. In: *A condição operária e outros estudos sobre a opressão*. São Paulo: Paz e Terra, 2007.]

lepmeditores
www.lpm.com.br
o site que conta tudo

IMPRESSÃO:

PALLOTTI
GRÁFICA

Santa Maria - RS | Fone: (55) 3220.4500
www.graficapallotti.com.br